D1985723

Lydia Stilz

Am Abend gab es Brotsupp

Für
Claus

Lydia Stilz

Beutelsbach, 6.10.2017

Lydia Stilz

Am Abend gab es Brotsupp

Alltag im schwäbischen Weindorf – 1940

Herausgegeben von Gerhard Stilz

Silberburg-Verlag

1. Auflage 2013

© 2013 by Silberburg-Verlag GmbH,
Schönbuchstraße 48, D-72074 Tübingen.
Alle Rechte vorbehalten.
Umschlaggestaltung: Björn Locke, Nürtingen.
Druck: Gulde Druck, Tübingen.
Printed in Germany.

ISBN 978-3-8425-1228-3

Besuchen Sie uns im Internet und entdecken Sie
die Vielfalt unseres Verlagsprogramms:
www.silberburg.de

Inhalt

Einleitung

Text und Bilder, Ort und Zeit

Das vorliegende Buch vereint Text und Bilder zum anschaulichen Gang durch ein weit zurückliegendes Jahr. Wer 1940 oder 1941 geboren ist, zählt nicht mehr zu den Jüngsten. Diejenigen, die zu jener Zeit schon eine wache jugendliche Wahrnehmung hatten, können von Glück sagen, wenn sie ihre Eindrücke heute noch frisch niederschreiben können. Nun sind die »großen« geschichtlichen Ereignisse des Jahres 1940 – es war das zweite, für die »Deutschen« ach so siegreiche, Jahr des Zweiten Weltkriegs – wahrlich tüchtig und gründlich beleuchtet worden, von ganz verschiedenen Seiten. Und weder die Presse noch die wissenschaftliche Literatur kann und soll von dieser Zeit lassen. Auch mangelt es nicht an Fotos und Filmen, mit denen sich die kriegerischen Ereignisse jener Zeit authentisch illustrieren lassen.

Daher mag es seltsam erscheinen, wenn im Folgenden so wenig vom Krieg die Rede und so gut wie gar nichts von ihm zu sehen ist. Die Flüchtigen und Evakuierten aus den brennenden Städten, die Bombennächte, die abgestürzten Kampfflieger, die durchziehenden Truppen und die gerade noch rechtzeitig entfernten Panzersperren – all dies stand dem braven Dorf der frühen Kriegsjahre noch bevor. Nun war es nicht das Anliegen der Verfasserin oder des Herausgebers, eine idyllische Gegen-Geschichte zu den Schrecken des Kriegs zu erfinden. Hinter ihr wäre die böse Maschinerie der Zerstörung verschwunden, die in jener Zeit, ausgehend von Deutschland, die Welt umpflügte, samt ihren Anführern, Generälen, Maschinisten und Opfern. Im Gegenteil: In gewisser Weise – so werden wache Leser empfinden – erweist sich die erstaunlich friedliche, traditionsbewusste Familien- und Dorfgeschichte als die historische Kehrseite der Medaille, die auf der Vorderseite des Königs, des Kaisers oder des Führers Kopf trug. Ihr Ablauf ist hier inmitten des Kriegs exemplarisch auf ein Vegetations- oder auch Kirchenjahr beschränkt. Unversehens erscheint damit die geschilderte Welt der dörflichen Konvention und des Brauchs als ein wichtiger, stabilisierender Nährboden für Frömmigkeit, Obrigkeitsdenken und fraglose Pflichterfüllung. Der »Nährstand« ermöglichte nach der herrschenden Ideologie den »Wehrstand«. Doch

***Bild linke Seite:* Vorhänge von Kirschblüten geben den Blick frei auf das Weindorf Schnait, seine umgebrochenen Weilerwiesen und seine säuberlich gehackten Weinberge.**

zugleich war diese Welt der selbstbezogenen dörflichen Autarkie auch der Ort, an dem die Selbständigkeit der Einzelnen, ihre Selbstverantwortung, ihre moralische Bodenhaftung, ihr pietistischer Protestantismus und allerlei traditionelle Formen der Hofkritik überdauern konnten. Die unliebsamen Massenphänomene der Moderne konnten hier länger auf Distanz gehalten werden als in der städtischen Welt der Arbeiter und der Angestellten.

Auch in Schnait, der Remstalgemeinde, die im Folgenden als Weingärtnerdorf in gewisser Weise das altwürttembergische Unterland verkörpert, fand der Krieg lange Zeit draußen statt, weit vor der Haustür. Aber er griff in die dörflichen Gemeinden ein, rekrutierte Väter und Söhne und nahm sie an die Fronten. Ihr Platz wurde bruttelnd von den Zurückgebliebenen eingenommen, denn die »Eingerückten« hinterließen ihre Arbeit, die getan werden musste. Mehr und mehr übernahmen das die Frauen, die Alten – und fraglos die Kinder, die ganz selbstverständlich in die Arbeitswelt eingebunden waren.

Indessen spaltete der Krieg auch die Dorfgemeinde, tiefer als in der Vorkriegszeit: Jetzt ging es nicht mehr nur um die großen nationalistischen Sprüche, die einer beträchtlichen Zahl der Dorfbewohner ohnehin suspekt und zuwider gewesen waren. Jetzt ging es zunehmend um die Kriegerwitwen und Kriegswaisen und um die Särge der Väter, Söhne und Freunde, die trauernd »zu versorgen« waren. Schuldzuweisungen wuchsen unter der Hand. Dennoch konnte die obrigkeitliche Ordnung auch hier aufrechterhalten werden – in einer Welt des Brauchs und mit Hilfe einer über Generationen hinweg eingeübten Untertänigkeit. Das ging nicht ganz ohne die Aufsicht, welche die »Parteileute« über die »Ängstlichen«, über die »Altmodischen« und die »Frommen« ausübten. Und selbst die Kirche war ja gespalten zwischen »Bekennenden« und »Deutschen« Christen. Andererseits hat man sich gegenseitig, solange lediglich innerhalb der Verwandtschaft geschimpft wurde oder auch nur »geschickt gebruttelt«, nicht verraten. Und so blieb »die geballte Faust im Sack« – dort, wo sie seit der Niederschlagung des Armen Konrad, seit der Zeit der Bauernkriege, zuckte. Wer »recht g'schafft« hat und nicht öffentlich das Regime und seine Machenschaften schmähte, blieb unbehelligt. »A reacht's G'schäft« war von daher zugleich Garant der Heimat und »unpolitisches« Exil – es ließ sich sehr wohl faschistisch ausbeuten. Und das »G'schäft« hat als Mythologie des Heils diese Ausbeutung lange Zeit überstanden.

Autorin, Familie, Sippschaft

Der Haupttext des vorliegenden Buches entstammt der Feder einer Autorin, die 1928 geboren wurde. Als älteste Tochter der Familie fühlte sie sich schon früh mitverantwortlich für eine bis zum Jahr 1940 auf sieben Köpfe angewachsene Kinderschar. Ehe sie in der Nachkriegszeit Lehrerin werden durfte, lernte sie Kinder wickeln, kochen, backen, waschen, nähen, stricken. Sie ging in die Volksschule, arbeitete auf dem Feld und in den Weinbergen mit wie ihre jüngeren Geschwister. Der Reihe nach hinzu kamen zwei Buben (der Martin und der Gottfried), drei Mädchen (die Lisbeth, die Marta und die Annemarie) und noch ein Bub (der Gerhard). Keine ganz ungewöhnliche Familie zu jener Zeit – und keine ungewöhnlichen Aufgaben, auch wenn sie sich über den ganzen Tag ausdehnten. Lydia hat schon früh angefangen, beflügelt vom Erzähltalent ihrer mütterlichen Großmutter und Großtante, in jeder freien Minute nicht nur Geschichten zu lesen, sondern auch das Gelesene und manches neu dazu Erfundene ihren jüngeren Geschwistern zu erzählen – so spannend, dass das Wasser in der Badewanne kalt werden konnte, ohne dass man es merkte.

Vater und Mutter gehörten fest zusammen, auch wenn die Kinder gelegentlich

Hochzeitspaar Wilhelm Stilz und Marie geb. Schiller, 1926, traditionell noch in schmuckem Schwarz, die Braut mit Myrtenkränzchen im Haar.

Das Haus des ehemaligen Schultes in Schnait, erworben und erweitert zum »Hof« durch die Weingärtner Christian Gökeler und Wilhelm Stilz.

spürten, dass es zwischen den beiden knisterte. Sie hatten zweifellos verteilte Rollen: der Vater, fleißig und genau in allen Dingen, vorsichtig, fast ängstlich von Natur. Er war (zum Leidwesen des »soldäterischen« Großvaters) nicht als Held, sondern nur als Grippekranker aus dem Ersten Weltkrieg zurückgekehrt. Dort hatte er in Schützengräben Granaten geschleppt und nur ein einziges Mal durch einen Grabenspiegel die Kathedrale von Reims sehen dürfen. Der Wilhelm,

der den König und den Kaiser zum Namenspatron hatte, ist danach nie mehr weit gereist, schon gar nicht freiwillig. Oder doch? Fünfzig Jahre später ließ er sich von seinem jüngsten Sohn dazu bewegen, das Eiserne Kreuz zu besichtigen, das er, krank in der Etappe, in das Fenstersims eines okkupierten französischen Hauses geritzt hatte. Dass es die Schützengräben in den Vororten von Reims inzwischen nicht mehr gab, erfüllte ihn mit Genugtuung. Auch der kurze, friedliche Besuch in Paris, mit einem Glas Wein unweit des Boulevard Saint Germain, schien ihn zu freuen. Doch dass die Franzosen so viele Misteln auf ihren Bäumen duldeten, das konnte er in seinem Leben nie fassen. Dieser Vater, ein bibelfester, altpietistischer »Stundenmann«, der auch die Orgel in der Kirche zu spielen lernte, geriet also etwas unfreiwillig in die Rolle eines Familien-Patriarchen. Seine Kinder haben es ihm lange nachgetragen, dass er allzu oft bei der Planung und Einteilung der vielfältigen Arbeit in Feld und Weinberg nicht herrschaftlich entschied, sondern recht unentschlossen und zögerlich erwog, dass »man« jetzt dieses oder auch jenes tun könnte oder müsste. Erst später lernten seine Kinder diese Chancen zur Mitbestimmung schätzen. Seine Unsicherheit schützte ihn freilich nicht vor gelegentlichen Ausbrüchen eines biblischen Zorns, seiner unverschuldeten Erblast.

Die Mutter, belesen, nachdenklich und in ihrem Urteil abwägend (sogar die Kenntnis des Schachspiels wurde ihr nachgesagt), wirkte zumeist frohgemut und couragiert. Sie schien fast immer auf der Seite der Kinder zu stehen und schützte sie gelegentlich vor des Vaters Zorn. Sie wurde, wenn sie sich sonntags mal von der ältesten Tochter bei den Kleinen vertreten ließ, von einem der größeren Kinder in die Kirche begleitet und war gegen Ende einer langen Predigt durch einen Stupser leicht zu wecken. Sie begleitete den Vater gelegentlich zur »Stund«, aber ihr Christentum war (jederzeit überzeugend, manchmal auch überraschend) von praktischer Natur. Auf die knifflige, damals durchaus zeitgemäße Kinderfrage, ob denn auch böse Kinder ein »Christkendle« kriegen, soll sie gesagt haben: »Ja, damit se brav wearnt.«

Kein Zweifel: Der Vater hatte »hinaufgeheiratet«. Die Mutter, die Marie-Luise, wurde als »Schloss-Schillerin« dem verkappten Dorfadel zugerechnet. Ihre Vorfahren hatten zu Ende des 18. Jahrhunderts den Herren von Gaisberg ihr Renaissance-Schlösschen abgekauft. Als Weingärtner hatten sie den alten Besitz und ihr gehobenes Ansehen über die Jahre gerettet. Dazu hatte die Mutter selbst während des Ersten Weltkriegs im stattlichen Haus ihres mütterlichen Großvaters, des »reichen Gökeler«, gedient, als dessen drei Söhne an der Westfront waren.

Der deprimierte Kriegsheimkehrer Wilhelm wohnte derweil geduckt dahinter, in einem kleinen, aufgestockten Wengertershaus, am abschüssigen Brunnenplatz. Im Keller entsprang eine Quelle, die durch das Fundament hindurch zur »Wette« hinlief. In dem sumpfigen Gelände war angeblich in alten Zeiten das Vieh getränkt worden. Die Marie-Luise akzeptierte die zögerliche Werbung des schüchternen »Orgler-Stilz« um die Mitte der zwanziger Jahre. Ihr Großvater hatte mit der Inflation sein Kapital verloren und war bald darauf gestorben. Das junge Paar, noch im dunklen Sonntagsstaat der zwanziger Jahre getraut, war dann, frisch verheiratet, in das »Alte Haus« der Gökelers eingezogen, wo zwei Zimmer frei waren. Als sich das vierte Kind anmeldete, kaufte man, gemeinsam mit Mutters Onkel Christian und dessen Schwester, Mutters »Dote« Marie, das kaum fünfzig Jahre alte, doppelstöckige Backsteinhaus des ehemaligen »Schultes«. Diesem höchst respektierlich in der Lützestraße aufragenden Gebäude mit seinen grünen Fensterläden und seinen hohen Decken fehlte aber der Stall und die Scheune. Den unverzichtbaren Wirtschaftstrakt errichtete man prompt und separat im großen Garten hinter dem Bürgerhaus. Damit hatte man einen Hof. Aber man hatte auch Schulden, bei allen Verwandten.

Für die wachsende junge Familie wurden der »Christianvetter« und die »Dote« zu

Vetterla und Bäsla der großen Verwandtschaft Stilz und Schiller verspeisen ein »Beigle« Kirschkuchen zwischen Tisch und Harmonium.

selbstverständlichen Mitgliedern der engeren Großfamilie. Man teilte sich bis zu einem gewissen Grad die Arbeit und die Geräte in Stall, Garten, Landwirtschaft und Weinbau. Man aß aber getrennt und wirtschaftete mit getrennten Kassen. Für die Kinder funktionierte das völlig reibungslos, zumal dieses im Erdgeschoss wohnende Geschwisterpaar aus der Großelterngeneration keine eigenen Kinder hatte. Den Lärm der Kleinen vom

Obergeschoss, wie auch deren zeitweilige Anwesenheit in ihrer Wohnung, ertrugen die beiden »ledigen Geschwister« weithin klaglos und vermutlich sogar gerne.

Darüber hinaus war man verwandtschaftlich mit Großeltern, Onkeln und Tanten sowie mit einer wachsenden Vielzahl von »Bäsla« und »Vetterla« der gleichen Generation verbunden. Sie wohnten größtenteils im Ort und man erreichte sie gefahrlos zu Fuß. Die weitere Verwandtschaft der »Dritten Kinder« und der »Angeheirateten« löste sich auf im schwer bestimmbaren Beziehungsgeflecht des Dorfgefüges. Auch wenn man den gleichen Nachnamen trug, war man noch längst nicht verwandt. Dass man aber mit »denen« oder »jenen« eben »doch auch verwandt« war, bekamen wir eher selten und erst mit zunehmendem Alter mitgeteilt – wohl aus guten, aber nie explizit gemachten, fürsorglichen Gründen genetischer Hygiene.

Dorf und Brauch

Wein- und Gartenbau, Kleinlandwirtschaft im schwäbischen Unterland: das war, vor dem Übergang der Landbevölkerung zum industriellen Neben- oder gar Haupterwerb in der Nachkriegszeit, eine relativ ärmliche, aber krisensichere Existenzform. Die weitgehende Autarkie des Dorfs und seiner Unter-Einheiten, der Sippschaften und Familien, hatte eine Reihe von Voraussetzungen: die Vielfalt der landwirtschaftlichen Produkte, verbunden mit dem Streubesitz als Folge der Realteilung, vor allem aber die mündlich genau registrierte und tradierte, in ihren wechselseitigen Dienstleistungs- und Besuchsbräuchen kodifizierte Sippschaftsverflechtung und Dorfgemeinschaft. Das Dorf war wirtschaftlich weitgehend auf sich selbst gestellt und funktionierte im Wesentlichen als ein sozialer Organismus, der sich selbst kontrollierte. Die oft scheinbar verwirrende Vielfalt von Besitz sowie die komplizierte Verschränkung von gemeinschaftlichen und individuellen Rechten und Pflichten bedeuteten für den Einzelnen eine überlebenswichtige Risikostreuung bei Unbill aller Art: bei Unwettern, Tier- und Pflanzenkrankheiten sowie Schädlingsbefall, aber auch bei menschlichen Gebrechen. Die Kranken, die Alten, die Schwachen und Behinderten waren ein aufwendiger, aber selbstverständlicher und unverzichtbarer Teil des sozialen Gefüges. Sie wurden, etwa beim berüchtigten politischen Eingriff der »Euthanasie« im Dritten Reich, überwiegend gemeinschaftlich gegen die mörderische Effizienz dieser radikalen »Moderne« geschützt und verteidigt. Die allermeisten der Bedrohten überlebten, mehr oder weniger unauffällig, zuhause, willentlich oder unwillentlich toleriert von den Sachwaltern der »Partei«.

Ein soziales Netz musste nicht politisch durchgesetzt oder von Versicherungen angeboten werden. Es war vorhanden. Daher die bereitwillige Einbindung des Einzelnen in die Gemeinschaft und die Selbstverpflichtung auf den »Brauch«. Daher aber auch das tiefe Misstrauen und die beträchtliche soziale Intoleranz gegenüber »Fremden« und Außenstehenden. Daher die soziale Distinktion und Diskriminierung über die Ortsgrenzen hinweg. Zwar wurde mit dem skeptisch tolerierten »Hinaus-« oder »Hereinheiraten« einerseits ein Ventil gegen die kommunale Inzucht geschaffen. Aber andererseits wurde auch der Kreis der Heiratsoptionen von den Jugendlichen selbst eingeschränkt. Nicht selten riefen sie zu nachbarschaftlichen Auseinandersetzungen auf, die in regelrechte Dorfkriege an den Gemarkungsgrenzen ausarten konnten. In der Tat wurden auch von den Älteren die Außenstehenden schon nach kurzem Kennenlernen kategorisch unterteilt. Das Urteil der Akzeptanz (»Des send reachte Leit!«) ermöglichte gemeinsames Essen und Trinken (Soziologen sprechen von »Kommensalität«) sowie weitgehend ungestörten gemeinsamen Ausgang. Und der durfte, nach einer ordnungsgemäßen Verlobung, zu guter Letzt, zur ehelichen Einkehr (zum »Konnubium«) führen. Das Urteil der Distanz hingegen (»Dia send et wia mir«) warnte die Jungen vor engeren Kontakten. Und so hatte dieses soziale Netz auch seine Grenzen, seine Härten und seine Verhängnisse. Ausgrenzung und Fremdenfeindlichkeit waren damit vorgeprägt und konnten, ausgebeutet von der nationalsozialistischen Ideologie, verheerende Konsequenzen haben. Aus dem Nachbarort wurde in jenen Jahren ein deutsch-französisches Liebesverhältnis zwischen einer Ortsansässigen und einem französischen »Fremdarbeiter« bekannt. Es endete im unausweichlich erscheinenden Selbstmord der beiden Liebenden.

So hatte der »Brauch« zwar viel Gutes in einer Gesellschaft, die eine Kranken- und eine Kinderschwester, einen Pfarrer, eine Schule, einen Feldschütz und einen Büttel benötigte, aber keinen Polizisten und auch keinen ansässigen Arzt oder Apotheker. Doch der »gute Brauch« erwies sich auch für sensible, nicht konformistische Individuen als das herbe Instrument sozialen Zwangs. Was »nicht der Brauch« war, stand im Verdacht des Missbrauchs, war implizit von sozialen Sanktionen bedroht und deshalb zu unterlassen. Der Brauch normierte die Ethik (»so ebbes duet m'r et«), die Logik (»dô braucht m'r doch et bei Adam ond Eva a'fanga«) und die Ästhetik (»des g'fallt doch neamer«). So verabscheute der »selbstverständliche« Konservatismus der dörflichen Gemeinschaft »Eigenmächtigkeiten«. »Man« machte sich lustig über »neumodischs Zeugs«, duldete kein »Spintisieren« und kein »Vagieren«, förderte keine Auf- und Aussteiger. Kurzum, man tat sich, solange man sich von der herrschenden Ideologie in seinem Konservatismus unterstützt sah, scheinbar leicht, auf die Segnungen der Moderne in den landwirtschaftlichen Betriebskonzepten und Arbeitsabläufen zu verzichten.

Doch die Modernisierung der Landwirtschaft, von den Nationalsozialisten mit ihrer romantisierenden Propaganda von Blut und Boden bewusst hinter die Kriegswirtschaft zurückgestellt, setzte sich dann um so machtvoller in den fünfziger und sechziger Jahren durch, vor allem in Gestalt der Mechanisierung und Motorisierung in Haus und Hof. Bedenken gegen den Wandel, der dem Wengerter handfeste Erleichterungen wie den Traktor, die Motorspritze oder die Motorhacke bescherte, wurden allenfalls von den Alten vorgebracht, die nicht mehr umlernen wollten und konnten. Doch das moderne Leben erzwang auch mit seinen gesteigerten Ansprüchen eine nie zuvor gekannte Spezialisierung im dörflich-handwerklichen Zusammenhang und eine unerbittliche Konzentration der Arbeits- und Besitzverhältnisse.

Der Zuzug von Menschen, deren Dorfgemeinschaften durch Krieg und Vertreibung gewaltsam aufgelöst worden waren, verstärkte das Aus- und Einpendeln großer Bevölkerungsteile. Das hat auf breiter Basis das Bewusstsein und die Wahrnehmung der Ansässigen geöffnet, weit über die alten Dorfgrenzen hinweg. Die Folgen des Kriegs und die Modernisierung führten damit zur Erosion des alten dörflichen sozialen Organismus. Als die Gemeindereform der sechziger und siebziger Jahre mit der Verstädterung der kommunalen Selbstverwaltung den (nicht nur postalischen) Verlust historisch traditionsreicher, eingefleischter und identitäts-stiftender Ortsnamen vollzog, da war das Ende des alten Dorfs längst eingeläutet. Eine staatliche Dorfentwicklungsplanung wäre ohne den hausgemachten, vom Abriss des Alten besessenen Modernisierungswillen nicht möglich und vielleicht auch nicht erforderlich gewesen.

Gemeinsame Tracht: Beim Kirbe-Umzug – unser Bild stammt vom Festzug zur Einweihung der neuen Schnaiter Kelter (1934) – wird der Kirbetrauben durch den Ort getragen.

Freilich sind die Dorfgemeinschaften bis zum heutigen Tage weder aus- noch abgestorben. Wer die Vitalität der dörflichen Vereine (sei es für Sport, Blasmusik, Gesang und allerlei weitere geistige, geistliche und körperliche Aktivitäten) betrachtet und sie mit städtischen oder gar überregionalen Vereinen vergleicht, wird das Fortleben mancher dörflicher Bräuche und Gewohnheiten feststellen können. Doch auch hier wird im Zuge des allumfassenden Wandels der »Brauch« der modischen »Innovation« geopfert. Als normatives Konzept, das im Jahresrhythmus der ländlichen Arbeit den christlichen Festtagskalender ebenso gestaltet wie die gemeinschaftlichen kulturellen Tätigkeiten und Unterhaltungsbedürfnisse der Dorfbevölkerung, ist jedenfalls der »gute alte Brauch« nicht mehr selbstverständlich. Das muss nicht betrüblich sein angesichts der individuellen Freiheiten, die sich daraus ergeben.

Denn schließlich ist auch das vorliegende Buch ein konkretes Produkt dieses Wandels. Es wäre ohne die soziale Öffnung des Dorfes nicht geschrieben worden. Vermutlich wäre es schon in der Phase des Entstehens dem Misstrauen der »recht Schaffenden« gegen die »hoffärtigen Schreiberlinge« anheimgefallen. Indessen bietet die heutige Rückbesinnung auf das, »was dr Brauch gwea ischt«, auch eine handfeste Chance, das heute »Selbstverständliche« nicht mehr für ganz so selbstverständlich zu halten – geschweige denn für »alternativlos«.

Fotografen und Fotografien

Die Illustrationen im vorliegenden Buch entstammen unterschiedlichen Sammlungen und Archiven. Dazu waren gründliche Originalrecherchen vonnöten. Fotografische Aufnahmen ländlicher Motive waren in den vierziger Jahren, sieht man von pittoresken Objekten und Ereignissen wie einem festlichen Umzug, einem Heuwagen oder der Weinlese ab, keineswegs selbstverständlich. Dazu fehlte nicht nur das Filmmaterial in den Kriegsjahren, sondern auch schon von alters her der Blick. Die Arbeit im Weinbau und in der Landwirtschaft sowie die Szenen des alltäglichen Dorflebens – ganz zu schweigen von der Arbeit der Frauen und den Innenansichten der größtenteils ärmlichen Häuser – erschienen den meisten Fotografen der damaligen Zeit noch nicht romantisch genug für ein Bild. Erst mit der Modernisierung, die massiv in den fünfziger Jahren

einsetzte, erkannte und erfasste man (wie andernorts Eugen Sauter in Neenstetten) das Unwiederbringliche und setzte es fotografisch in Szene. Zwei von unseren Fotografen sind insofern exemplarisch herauszuheben: Carl Lachenmann einerseits, der Kustos des Schnaiter Silchermuseums seit 1938, ein Reing'schmeckter aus Reutlingen. Ihm gelang es, mit wachem Auge und einer Contax-Kamera, in den frühen vierziger Jahren Land und Leute auf zahlreichen Dias festzuhalten. Darum hat sich freilich bis jetzt noch kaum ein Archiv gekümmert. Richard Lenz andererseits, noch ein Bub in den vierziger Jahren und ein aufmerksamer, junger Beobachter des dörflichen und landwirtschaftlichen Wandels in den fünfziger und sechziger Jahren, hielt mit hoher Sensibilität und einer systemischen Mittelformat-Kamera viele Details der verschwindenden Landschaftselemente und alten Arbeitsweisen im Weinbau fest. Ja er beteiligte sich sogar an der faszinierenden Rekonstruktion, Inszenierung und Dokumentation eines »alten Wengerts« – der ebenso neugierigen wie dezidiert traditionellen Pflege eines musealen Reservats. Ringsum hatte die radikale Rebland-Umlegung zu dieser Zeit schon tiefgründig die Landschaft »modernisiert« und für maschinelle Anbaumethoden zurechtgehobelt.

Bisher unveröffentlichte Bilder dieser beiden Fotografen bilden das Schwergewicht unserer Illustrationen. In diesem Zusammenhang gilt aber auch unser besonderer Dank allen Personen, die uns über Jahre hinweg ihre persönlichen Fotografien, ihr Wissen, ihre Erfahrungen und sich selbst uneigennützig zur Verfügung gestellt haben.

Wenn der neue Dorflautsprecher nicht funktionierte, schellte der Büttel routiniert von Hand die wichtigsten Ortsnachrichten aus.

Schwäbisch, schwarz auf weiß

Zur Umschrift des Schwäbischen waren folgende Kompromisse erforderlich: Wegen möglicher Missverständnisse war die Unterscheidung von /o/ (wie in Schwäbisch »er droht«) und /ô/ (wie in Schwäbisch »der Draht«) erforderlich. Nasalvokale wurden hingegen in der Regel nicht markiert; das dort verschwundene /n/ wurde jedoch in missverständlichen Wörtern durch ein Auslassungszeichen angedeutet. Bei den neutralen, aber unterschiedlichen schwäbischen Abtönungs-Vokalen zwischen [e] und [a] waren Notlösungen unumgänglich. Notiert wurde /e/ vs. /a/ im Auslaut zur Unterscheidung von Singular und Plural der Verkleinerungsform (z. B. ein »Wiebele« vs. drei »Wiebela«) sowie zur Unterscheidung zwischen Binnenlaut und Endlaut (z.B. »Kochetsa«). Verschluckte Vokale wurden nur dort durch Auslassungszeichen markiert, wo Missverständnisse möglich wären. Die Wiedergabe der hochdeutschen Schreibung von »sp« bzw. »st« durch »schp« (wie in »schprenga«) bzw. »scht« (wie in »Schtickle«) war im strikten Sinne nicht notwendig: Auch das Hochdeutsche südlich von Hamburg ist hier ja zumindest im Anlaut einig mit der süddeutschen Aussprache. Die üppigere Schreibung ist hier eher dekorativ und dient dazu, die mundartliche Aussprache emphatisch zu verdeutlichen. Die Notation von mundartlich »i« statt hochdeutsch »ü« sowie von »e« statt »ö«, hingegen ist durch die schwäbische Aussprache gut begründet: Die örtliche Mundart kannte von alters her außer einem [o] oder [u] keine gerundeten Vokale, aber sie hat sich in jüngeren Jahren am Hochdeutschen bereichert.

Gerhard Stilz

Winter

Z'Haus

Der Winter war die Zeit des intensivsten Zusammenlebens. Wir hatten ja nur die eine heizbare Stube, in der sich alles abspielte: Hausarbeiten wie das Nähen, Bügeln und Flicken der Mutter, die Hausaufgaben und das Spiel der Kinder sowie das »Bandmachen« und Körbeflechten des Vaters. Dazu kam noch das Klavier- und Flötenüben. Zeitweilig ausweichen konnte man allenfalls in die Stube unserer verwandten, älteren Hausgenossen, einen Stock tiefer. Dort wohnten Mutters ledig gebliebene Patentante Marie, für uns auch kurz: die *Dote*, und ihr gleichfalls unverheirateter jüngerer Bruder, der Christianvetter. Als Großtante und Großonkel mochten sie uns Kinder herzlich, selbst wenn wir ihnen sicher des Öfteren über ihren Köpfen auf den Nerven herumtrampelten.

Eine warme Stube gab es aber nicht von ungefähr. Sie wollte von langer Hand gut vorbereitet sein. An der Innenwand der Stube stand ein hoher, eiserner Holz- und Kohleofen, dessen schwarz gestrichenes Ofenrohr unter der Decke einen Bogen machte, in einem runden Loch in der Wand verschwand und in der »Kammer«, dem Elternschlafzimmer, wieder zutage trat. Dort machte es noch einen Bogen nach rechts und schlüpfte dann in den Kamin. Auf diese Weise wurde auch die Kammer noch ein wenig mitgeheizt. Doch das schwarze Rohr wollte regelmäßig von Ruß befreit sein, und das *Ofarueßa* war nicht nur eine schwarze, sondern auch eine komplizierte Angelegenheit. Wenn der Ofen nicht mehr richtig zog, wurde das Rohr in der Stube sorgfältig abgeklopft, damit der lose Ruß in den Ofen zurückfiel und dort verbrannte.

Aber mindestens einmal im Jahr, meistens im Frühling, wenn es draußen nicht mehr gar so kalt war, blieb der Ofen kalt. Die Rohre wurden ausgehängt. Das geschah sehr vorsichtig, damit möglichst wenig Ruß auf den Boden fiel. Auch beim Transport der Rohre über die hölzerne Haustreppe vermied man jede Erschütterung. Unten wurden die lückenlos zusammengesetzten, schwarzen Rohrstücke sorgfältig zerlegt und mit einer speziellen Drahtbürste ausgefegt. Ehe die Rohre wieder hinaufgetragen, ineinandergesteckt und vor Ort anmontiert werden konnten, wurden sie außen eingeschwärzt mit *Ofawigse* und blank gerieben wie die guten schwarzen Sonntagsschuhe. Auch die Messingringe, welche die Übergänge in die Wand kaschierten, wurden mit Sidol auf Hochglanz gebracht, so dass sie golden leuchteten. Das Zusammenmontieren erforderte mehrere Personen, Geschick und Geduld. Wenn dann

Bild vorherige Seite: Winter mit prächtigem Schnee. Der Bahnschlitten ist gekommen und hat die Kreisstraße zwischen Remstal und Schurwald offen gehalten.

alle Teile richtig saßen, atmete die ganze Familie auf. Jetzt konnte Feuer gemacht werden, und dann wurde es auch wieder warm in der Stube.

In der Küche unter dem *Wasserschtoa,* dem Spülstein, war ein kleines Holzlager, das täglich aufgefüllt werden musste. Da lagen die *Krähla,* neben den nicht mehr zusammengebundenen *Reabschteckla,* die *Pfähla* und die *Holzscheitla.* In dieser Reihenfolge wurden sie durchs obere *Ofatürle* in den Heizofen geschichtet, auf den von Asche und Schlacke gesäuberten Rost. Dann wurde das untere *Ofatürle* (mit seinen frisch geputzten, durchsichtigen »Augen«) sowie das dahinter befindliche, gitterförmige innere *Ofatürle* geöffnet. Vorsichtig schob man zusammengeknülltes Papier unter die *Reabschteckla.* Mit einem (zur Not auch mehreren) *Zendhelzla* wurde das Papier angezündet. Schnell fasste die Flamme die trockenen *Reabschteckla,* die *Pfähla* und die *Scheitla.* Das innere, durchbrochene *Ofatürle* wurde nun geschlossen, aber das äußere mit den »Augen« noch offen gelassen. Ein wohliges Brausen erfüllte die Stube, bald aber auch der nicht so wohlige Geruch von der frischen *Ofawigse* an den sich erwärmenden Ofenrohren. Da mussten die Fenster geöffnet werden, möglichst auf beiden Seiten, »damit dr G'schta'k naus ka'«. Nach einer Weile wurden dickere *Scheiter* in den Ofen gelegt, dann galt es die Drosselklappe am Ofenrohr umzulegen und das untere *Türle* ganz zu schließen. Das Brausen wurde schwächer, die Wärme breitete sich aus. Allmählich war das Feuer heiß genug, um den Koks oder die Eierbriketts zu erfassen, die aus der schmalen Blechpyramide des Kohlenfüllers darauf geschüttet wurden. Der Ofen konnte jetzt für einige Stunden sich selbst überlassen werden.

Trüber Frühwintertag überm Dorf: Leer sind die Veranden, und in den Hausgärten ist es still.

Kohlen waren in den vierziger Jahren rationiert, und, soweit ich mich erinnere, hatte der Kohlenhändler während des Kriegs bei seinen Lieferungen immer wieder Engpässe. In Friedenszeiten hatte man den ganzen Bedarf für den Winter im Spätjahr anliefern lassen. Der Kohlenhändler hatte die Säcke selbst in den Vorkeller getragen und sie unter der Treppe ausgeschüttet. Jetzt aber war Krieg, und wir fuhren mit unserem *Wägele,* dem Kohlebezugsschein und dem Geldbeutel los und bekamen manchmal nur einen oder zwei Zentner Braunkohle-Briketts oder Eierkohlen aufgeladen. Man bekam und man nahm an, was eben da war. Doch dank des eigenen Holzvorrats haben wir in der einzigen heizbaren Stube nicht gefroren, es sei denn, ein ungünstiger Wind kam von Westen. Dann wollte der Ofen partout nicht ziehen.

Vor de Feierdich

Die Tätigkeiten des Vaters in der Stube fingen in der Regel erst im Januar an, wenn nach dem Erscheinungsfest Christbaum, Eisenbahn und *Doggastuba* weggeräumt waren. Er hatte ja auch zu Anfang des Winters noch in den Weinbergen zu tun: *Erda tra:* oder *bsiea,* die Reben mit Eisenhaken am Boden befestigen, dann leicht mit Erde bedecken, damit sie weniger dem Frost ausgesetzt waren.

Ehe es zu kalt war, wurden drüben in der *Moschte* Pfähle gespitzt, damit sie im Frühjahr zur Verfügung standen. An der Wand zur *Behneschtiega* stand der hölzerne *Schneidstuhl,* der an einem Ende eine bewegliche Haltevorrichtung in der offensichtlichen Form eines Pferdekopfes hatte. Dieser schaute rückwärts seinen Reiter an und hielt, wenn man das fest mit ihm verbundene, mit seiner Drehachse in einem Spalt der Sitzfläche gelagerte Pedal nach vorne bewegte, mit seinem schweren hölzernen Kinn den von ihm eingeklemmten Pfahl auf der kleinen Arbeitsfläche so fest, dass man mit dem beidhändigen Schneidmesser den Pfahl glätten und zuspitzen konnte. Jedes Jahr brauchte man eine beträchtliche Anzahl neuer Pfähle, weil bei den alten die unteren Enden in der Erde mürbe geworden waren. Da die Pfähle im Herbst ausgezogen wurden, traten die Mängel noch im alten Jahr zum Vorschein. Die um das mürbe Ende kürzer gewordenen Pfählchen wurden für die jungen Stöcke und später zum Verbrennen im Ofen oder Herd gebraucht. Was für ein herrliches Feuer sie

Schneidstuhl in Aktion – hier beim Wagner in Strümpfelbach. Eine neue Kirschenleiter erhält ihre Sprossen.

gaben, als ob sie in all den Sommern im *Wengert* die Kraft der Sonne gespeichert hätten. Nur durfte man das Schüren nicht vergessen, weil sie rasch herunterbrannten.

Im Hof lagen dicke *Weidabuschla.* Die Weiden waren in den frühen Wintertagen geschnitten worden, um später, wenn Schnee die Arbeit draußen ruhen ließ, in den warmen Stuben verarbeitet zu werden zu *Onterschtaißern, Brezgeda* und *Zorna, Kirschagrätta* und Henkelkörben. Doch diese Arbeiten warteten, wie schon erwähnt, »bis nôch de Feierdich«.

Die Weihnachtstage fingen eigentlich in der Woche vor dem ersten Advent an, wenn die Mutter die ersten *Guetsla* backte. Diese glückverheißende Tätigkeit war oft gefährdet, denn manchmal war gerade die letzte Novemberwoche einigermaßen trocken, und dann musste von den *Baumstückla* des *Guggabronn* (ein Flurname) und vom *Almetstückle* das Laub *a:grechnet* werden. Es diente sowohl als Futter für das Vieh als auch als Einstreu und half, den Heuvorrat zu strecken. Man wusste ja nicht, wann man im Frühjahr das erste Grünfutter holen konnte. Wenn es aber draußen etwas zu tun gab, dann mussten die häuslichen Arbeiten liegen bleiben. »Bestelle zuerst deinen Acker, dann dein Haus«, war ein Wahlspruch der Schloss-*Ahne*.

Dezember – Erntezeit bei den Kopfweiden: Die schlanken Gerten werden zum Korbmachen sowie im Frühjahr fürs Binden im Wengert gebraucht.

Bachtag

Immerhin kam in diesem Winter, wo der Siebente und Kleinste, das Gerhardle, erst ein paar Wochen alt war, Laubrechen nicht in Frage. So wurden nach gutem Brauch vor dem ersten Advent einige *Guetsla* gebacken. Die Vorbereitungen spielten sich in der Stube ab, denn in der kleinen Küche war zu wenig Platz, und am *Guetslebacken* sollten doch alle Kinder teilhaben dürfen. Der Tisch wurde abgeräumt, das Wachstuch sauber abgewaschen, dann die Backzutaten hereingebracht. Nun ging es los mit Rühren und Kneten, und zwar alles von Hand. Schlecken war nicht erlaubt. Trotzdem wanderte dann und wann ein neugieriger Finger in unbeobachteten Augenblicken in die verlockende, süße Masse und wurde rasch und heimlich abgeschleckt. Hingegen war dann das Ausschlecken der Rührschüssel ein erlaubter Genuss, auch wenn sich viele Finger und Münder den spärlichen Inhalt einer solchen Schüssel teilen mussten. Der Gummischaber, der diesen Rest noch schmälerte, war richtig verhasst bei den Naschmäulern. Da aber an einem Tag unter Umständen mehrere Sorten *Guetsla* gebacken wurden, kamen auch die lüsternen Naschkatzen voll auf ihre Rechnung.

Vom fertig gekneteten Teig wurde dann jedem Kind ein *Doigle* zugeteilt, aus dem es etwas formen durfte, das aufs Blech gelegt und später gebacken wurde. Allerdings kam es, besonders bei den Kleinen, oftmals nicht so weit, denn das *Doigle* verschwand zusehends und der Rest wurde grauer und grauer, so dass die Mutter entschied, der sei jetzt nicht mehr zum Backen.

Ausstecherla, Albertla, Schäumla, Spitzbueba, Butter-S, *Vanillbrötla* und *Lebkuecha* waren auf dem Backplan der Mutter. Aber die *Dote* Marie, die in jungen Jahren bei der Konditorei Lütze in der Backstube geholfen hatte, machte dazu noch *Springerla* nach alten Modeln, die zum Teil sogar noch ihr Vater geschnitzt hatte. Auch ihre »Basler Leckerli« waren etwas Besonderes. Tante Rikele steuerte dem *Guetslesteller* noch *Himbeerbrötla* bei. So hatte jede Frau ihre Spezialitäten.

Die ausgestochenen oder aufgesetzten Teigstückchen oder -häufchen kamen auf große rechteckige Backbleche. Sie wurden entweder zum »Heetzabeck« oder zum Linsenmeier, dem Wiebelesfabrikanten, getragen oder im kommunalen Backhaus selber herausgebacken. Die *Schäumla* wurden am frühen Morgen um vier Uhr, ehe noch jemand gebacken hatte, in den Ofen geschoben. Mit den anderen *Guetsla* füllte man

Vor dem Backhaus: Das frisch gebackene Brot kommt aufs Wägelesbritt, der Kuchen samt Blech in den Weschkorb. – Ofen frei für die nächste Partie.

den Backofen, nachdem das letzte Brot eines Tages »ausgenommen« war. Die Steine hatten dann gerade noch so viel Wärme, dass das feine Gebäck fertig wurde. Vor solchen Backtagen wurden dann die großen Backbleche von der *Dote* Marie und der Tante Rikele ausgeliehen, so dass viele Sorten auf einmal gefertigt werden konnten.

Besonders beliebt bei den Kindern, nicht aber bei den Bäckerinnen, waren *vergrôtene Guetsla*, denn die durfte man gleich essen. So verhalf uns einmal ein Missgriff des Vaters zu reichlichem Genuss. Er hatte am Tisch geschrieben, während die Mutter *Vanillbrötla* aufs Blech setzte und dieses dann zum Trocknen aufs *Biffee* stellte.

So, der Vater war für heute mit Schreiben fertig, beabsichtigte aber, morgen Abend noch etwas zu schreiben. Deshalb räumte er den Schreibblock nicht in die Schublade, sondern legte ihn mit Schwung aufs *Biffee,* ohne zu sehen, dass er dort auf ein Blech mit *Vanillbrötla* traf. Noch lange waren auf der Rückseite des Blocks die runden Abdrücke des Teigs zu sehen. Indessen waren wir Kinder überglücklich über die verunglückten *Guetsla.* Ab und zu forderten wir den Vater auf, den Fehlwurf zu wiederholen, aber der ließ sich nicht darauf ein.

Das Backen des täglichen Brots war freilich eine ganzjährige, in zehn- bis vierzehntägigem Rhythmus wiederkehrende, hitzige Disziplin und als solche keineswegs auf die Vorweihnachtszeit beschränkt.

Zum Brotbacken standen für jedermann die *Backhäusla* der Gemeinde bereit. Zu Hause gab es keinen Backofen und auch keine Backröhre. Besonders zu Festzeiten wie zur *Kirbe,* zur Adventszeit oder vor der Weinlese waren die Gemeinschafts-*Backhäusla* gut ausgebucht. Damit die Sache ihre Ordnung hatte, musste man sich für eine bestimmte Backzeit vormerken lassen – also *'s Bacha b'schtella.* Die beiden Gemeindebackhäuser – das eine am Brunnenplatz, das andere bei der Kirch' im Hagenbüchle – hatten je zwei Backöfen, einen kleinen und einen großen. Außerdem versteckten sich direkt hinter den Backöfen noch zwei »Dörren«, in denen im Herbst *Schnitz ond Zwetschga* und danach Maiskolben (das »Welschkorn«) gedörrt wurden. Vom *A'zenda* bis zum *Ausnemma* betrug eine Backzeit insgesamt drei Stunden. Man hatte somit von morgens sechs bis abends zwölf Uhr sechs Backzeiten zur Auswahl. Wer backen wollte, musste seinen vorgemerkten Ofen eine bis anderthalb Stunden vor dem *Ei'schießa* mit Rebholz beheizen.

Schon Tage vorher konnte es heißen: »Gehst zum Kaufmann Lenz, holst Zucker und Nudeln und bestellst das Backen für Mittwoch, *z'airscht, em Graußa* [das heißt von sechs bis neun Uhr, im großen Ofen], und bringst auch gleich für 20 Pfennig Hefe mit.« Am Vorabend des *Bachtags* wurde aus der Mehlkammer die *Molda,* eine etwa anderthalb Meter lange, mit matt glänzendem Zinkblech ausgeschlagene hölzerne Backmulde, in die Stube geholt, samt den beiden *Schräga,* auf die sie gestellt wurde. In der Mehlkammer unterm Dach warteten auch all die anderen Dinge, die man zum Backen brauchte: Backbleche, große, rechteckige, und runde in verschiedenen Größen. Dazu kamen die aus festem Stroh geflochtenen Brotkörbchen, die dem Vernehmen nach schon der *Gökeler-Urehle* selbst gebunden hatte. Und dort lagen auch auf Brettern die Säcke mit Mehl: das gröbere Schwarzmehl, das feinere Weißmehl sowie die Kleie- und

Gerstenschrotsäcke. Die Mutter ließ ein gewisses Quantum Schwarzmehl in die große Backschüssel laufen. Sie hatte die richtige Menge im Griff, ohne abwiegen zu müssen. Das Weißmehl für die weißen Laibe und die Kuchenböden kam in die kleinere, grau emaillierte Backschüssel.

In der Stube wurde das Schwarzmehl in die *Molda* geschüttet. Nach dem Abendessen kamen noch *durchdruckte Ebira* sowie der *Hefel* genannte Sauerteig und etwas Hefe hinzu. Jetzt musste man mit handwarmem Wasser in der Mitte der *Molda* den Teig *a'lau,* das heißt, der Vorteig wurde mit den Händen gut vermischt und leicht mit Mehl bedeckt. Zum Weißbrot wurde Hefe mit etwas Zucker und lauwarmem Wasser verrührt, in die Mitte des Weißmehls in der Emaille-Schüssel geschüttet und dort der Vorteig bereitet. Nur in besonderen Fällen, wenn es ein extra feines Gebäck werden sollte, nahm man zum »Anlassen« Milch. Über Nacht blieb alles in Ruhe stehen. Die Gärstoffe arbeiteten im Stillen.

Am anderen Morgen hieß es bald aufstehen – in der Vorweihnachtszeit noch früher als sonst am Backtag. Da wurden nämlich, noch vor dem Anzünden des Backofens, zuallererst die sehr empfindlichen *Schokladschäumla* herausgebacken. Die Resthitze vom Vortag reichte dafür aus. So ging es mit den Schäumlesblechen schon um vier Uhr ins Backhaus.

Um fünf Uhr dann machte die Mutter den Brotteig. Ich hatte vorher im Herd das Feuer angezündet, damit das Wasser zum Teigmachen warm wurde. In einem großen Milchhafen vermischte die Mutter kaltes mit heißem Wasser, bis es handwarm war. Der Vorteig war in der Nacht über die Mehlschicht gequollen und hatte Blasen geworfen. Mutter warf einige Hände voll Salz dazu. Sie hatte die Ärmel bis über die Ellbogen *nufg'schtirmlet* und schaufelte nun mit den Händen Mehl über den Vorteig. Auf ihr Geheiß schüttete ich von dem vorbereiteten Wasser einen kräftigen *Schuck* in die Mitte des entstehenden Brotteigs. Ihre Hände kneteten und wirkten. Immer wieder verlangte die Mutter einen *Schuck* Wasser, wo noch Mehl zum Vorschein kam. Der ganze Teig wurde in der Backmulde von oben nach unten und zurück durchgeknetet, so lange, bis die Wände des Gefäßes und die Hände der Mutter »sauber« wurden. Wenn der Teig nicht mehr klebrig war, konnte man ihn in Ruhe »aufgehen« lassen. Ein wenig Mehl streute man noch darüber. Dann wurde der Weißbrotteig auf dieselbe Weise »gemacht«. Dazu nahm man allerdings jetzt Milch statt Wasser.

Drunten im Hof war schon am Vorabend das *Wägele* gerichtet worden. Es war beladen mit *Reabakrähla.* Jetzt in der Vorweihnachtszeit, wenn die Backöfen streng beheizt wurden, brauchte man nur die einfachen Reben.

Anzünden: Die Flamme erfasst das Reisig, die Luftklappen des Kamins sind aufgezogen, das Dunkel vor dem Backofen erhellt eine Lampe.

In Zeiten, wo weniger gebacken wurde, waren auch die dickeren *Schenkelreaba* dabei.

5 Uhr 50: Mit *Loibschießer* und Besen unter dem linken Arm und dem *Deichsele* in der rechten Hand zog ich mit dem *Wägele* das steile, grob gepflasterte »Höllgässle« und das *Hagabiechle* hinauf zum *Bachhaus*. Dort stellte ich den *Loibschießer* und den Besen vor den Backofen, trug die *Krähla* in den trüb beleuchteten Raum und band die Weiden auf. Dann stopfte ich *ein Ärmle voll* ums andere in den großen Backofen und drückte die *Reabschteckla* mit der hölzernen *Krucka* auch bis in die hintersten Ecken. Darauf nahm ich von den Zeitungen, die auf dem langen Tisch an der Wand vor dem Ofen lagen, ein paar Blätter, knüllte sie zusammen und schob sie unter die *Reaba*. Mit einem *Zendhelzle* setzte ich das Papier in Brand. Die Reben fingen Feuer, sie knisterten und knackten, und die Rinde löste sich in Streifen ab. Heute war ein windstiller, kalter Tag, da zog der Ofen gut, der Rauch strich ruhig und gerade nach oben. An windigen Tagen, oder wenn die Sonnen-

Mit dem Loibschießer wird der Salzkuchen knusprig braun »ausgeholt«, der Ofen hat jetzt die richtige Hitze fürs Brot.

wärme auf dem hohen Kamin lag, konnte es sein, dass das ganze Backhaus von Rauch erfüllt war. Die »Anzünder« kamen dann ins Freie gestürzt, husteten und schnappten nach Luft, und die Nachbarn schlossen ihre Fenster. Doch um diese frühe Tageszeit im Winter waren die ja ohnehin noch nicht offen.

6 Uhr 15: Nun war etwa eine halbe Stunde Zeit, bis *'s Fuier na:brennt* war und wieder nach dem Backofen geschaut werden musste. Die Mutter hatte mittlerweile zuhause vom Weißbrotteig die Salzkuchenböden ausgewellt und auf die runden Kuchenbleche gelegt. In einer Schüssel war Sauerrahm, von der *g'schtandena* Milch abgenommen, mit Salz und Kümmel (im Sommer auch mit Schnittlauch) *verklepperet* und auf die Teigplatten gestrichen worden. Obendrauf verteilte die Mutter noch Butterflöckchen.

6 Uhr 45: Ich nahm die Kuchenbleche und trug sie zum Backhaus. Im Backofen waberte über der Glut die Hitze. Mit der *Krucka* schob ich die hellrote Glut nach hinten, setzte dann die Salzkuchen auf den *Loibschießer* und ließ sie auf ihren Blechen in den freien, hitzigen Raum hineinrutschen. War nun

die Ofentür geschlossen, so dauerte es etwa zehn Minuten, bis die Salzkuchen gebacken waren. Das Vorgebäck machte nicht nur Appetit, sondern diente auch zur Probe: Backdauer und Färbung der Flammkuchen waren die Zeichen dafür, ob die Hitze im Ofen für den Hauptbackgang richtig war. Blieben sie zu blass, mussten noch eine oder zwei Rebenbüschel nachgelegt werden; bräunten sie zu stark, so wurde der Besen aus Birkenreisig in das steinerne Wasserbecken vor dem Ofen getunkt und der Ofen vor dem *Ei'schießa* des Brots nass ausgefegt.

7 Uhr: Mit ausladenden Armen, je ein herzhaft duftendes Salzkuchenblech waagrecht in die Hüften gestemmt, ging ich jetzt nach Hause. Vom Weißbrotteig hatte die Mutter inzwischen zwei weitere Stücke abgenommen, ausgewellt und auf zwei große, runde Backbleche für die Obstkuchen gelegt. Vom Rest formte sie den »weißen Laib« für unser Frühstücksbrot. Ich durfte die Apfelkuchen mit den Apfelschnitzen belegen, die wir gestern Abend vorbereitet hatten. Währenddessen streute die Mutter die *Brotkörbla* mit Kleie aus. Einen Stock tiefer besorgte die *Dote*, die mit uns gemeinsam backte, das gleiche mit Mehl, so dass man die fertigen Brotlaibe sicher unterscheiden konnte. Dann fing die Mutter an, das Schwarzbrot zu *loiba.* Mit einem metallenen Teigschaber stach sie ein Stück Teig in der *Molda* ab, hob es aufs *Nudelbritt* auf dem Tisch, walkte es noch ein wenig in alle Richtungen durch und formte es zu einem runden Laib, den sie in ein *Brotkörble* setzte. Die Teigmenge in der *Molda* reichte für sieben oder acht Laibe zu je zwei bis drei Pfund, die insgesamt etwa zehn Tage vorhielten. Eine Handvoll Teig wurde zurückgelassen für den *Hefel,* den Sauerteig für das nächste Backen. In einem *irdenen Häfele*, einem Steinguttopf, gärte er im Keller vor sich hin, bis er am nächsten Backtag gebraucht wurde oder bis eine Nachbarin kam, um *en Hefel z'vertleina*. Sie brachte danach umgehend neuen *Hefel* von ihrem angemachten Teig zurück.

7 Uhr 30: Die Obstkuchen wurden mit einem Sauermilchguss versehen. Damit waren die Vorbereitungen so weit gediehen, dass die *Kaiza* beladen werden konnte. Das war ein hölzernes Traggestell, das man an Weidenträgern auf den Rücken nahm. Zwischen den senkrechten, seitlichen Leisten waren wenigstens drei Etagen in Gestalt von je zwei waagerechten Leisten verschraubt. Die *Brotkörble* konnten zwischen diese Leisten eingehängt werden, so dass sie, ob bergauf oder bergab, nicht rutschen konnten. Mit der voll beladenen *Kaiza* auf dem Rücken, die Obstkuchen vor sich in beiden Händen, ging nun die Mutter das *Höllgässle* hinauf zum Backhaus. Später, als bei wachsender Familie der Brotbedarf noch größer wurde, luden wir

die Laibe auf das *Leiterwägele,* das zu diesem Zweck mit einem ausladenden Brett versehen wurde. Da gab es dann freilich keine Abkürzung mehr durch steile Gassen, und die ansehnliche Fracht musste auf Umwegen »durch das Dorf« gefahren werden.

7 Uhr 40: Im Backhaus wurde nun der Ofen mit dem birkenreisernen, ins Wasser getunkten Besen ausgefegt. Seine Benetzung verhinderte, dass die feinen Zweiglein Feuer fingen, außerdem legte sich so die Asche und der Staub im Ofen. Säuberlich wurden die verkohlten Holzreste und die Asche im Ofen zusammengefegt, herausgeschaufelt und in die sogenannte *Höll* unter dem Backofen geworfen. Und dann kam der langstielige, vorne runde *Loibschießer* zu seiner eigentlichen Bestimmung. Die Laibe wurden aus den *Strohkörbla* schwungvoll auf seine platte und glatte Holzfläche gesetzt und darauf so weit wie möglich in den Ofen geschoben. Mit einem gekonnten Ruck zog man den *Loibschießer* zurück, so dass der träge Teig direkt auf den heißen Steinplatten des Ofens zu sitzen kam. Bei den vielen Laiben war dieses *Ei'schießa* eine Kunst. Es sollten ja alle Laibe Platz finden, zugleich durften sie sich aber nicht berühren, sonst backten sie aneinander, und es gab damit einen unwillkommenen *A'schuss.* Den Kindern waren diese weichen Flanken zwar nicht unlieb, denn es ließ sich dort warmes, neugebackenes Brot *rausgrobla,* ohne die Rinde aufzuschneiden, doch die Erwachsenen wussten, dass an diesen ungeschützten Stellen eines Laibs schon früh der Schimmel ansetzt. Zum Schluss mussten noch die Bleche mit dem Weißbrot und die Obstkuchen ihren Platz im Ofen finden.

7 Uhr 55: Klappe zu – dann war es Zeit fürs *Morgaessa.* Heute gab es zum Malzkaffee frischen Salzkuchen. Das war jedes Mal ein ganz besonderer Genuss, für den man immerhin eine halbe Stunde zur Verfügung hatte – eine Verschnaufpause für eine allgemeine Betrachtung zu unserem Kaffee: Den wochentäglichen Malzkaffee kochte man mit ein wenig Zichorie kurz auf und stellte ihn

Auf dem mehrstöckigen Gestell der Kaize wird das gelaibte Schwarzbrot in Körbchen, das Weißbrot auf Blechen ins Backhaus getragen.

zur Seite, bis er sich gesetzt hatte. Dann wurde er mit Milch und Zucker (solange man noch welchen hatte) in einer großen, irdenen, braun glasierten Kaffeekanne gemischt und auf den Tisch gestellt. Der Kaffeesatz im *Kaffeehafa* wurde die ganze Woche lang mitgekocht. Am Sonntag gab es dann frischen Kaffee, zu Festtagen pflegte man ihn mit ein paar frisch gemahlenen Kaffeebohnen aufzuwerten. Schon im Treppenhaus roch man dann, fein abgestuft, den Täufe-, Geburtstags- oder Sonntagskaffee.

8 Uhr 45: Kurz vor neun Uhr ging die Mutter mit der *Dote* dann ein letztes Mal ins Backhaus, zum *Ausnemma.* Die Kuchen und die braunen Laibe wurden mit dem *Loibschießer* aus dem Ofen geholt und auf dem langen Holztisch abgelegt. Mit einem *Stielbürstle,* das in Salzwasser getaucht wurde, bestrich die *Dote* jeden Laib. Das knisterte und dampfte und verbreitete einen köstlichen Duft nach frischem Brot.

Zuhause warteten die warmen Laibe noch eine Weile in der Waschküche, bis sie abgekühlt waren. Im Herbst jedoch, wenn in den Fässern der neue Most und Wein gären sollte, trug man sie gleich in den Keller und stellte sie schräg, einen Laib an den anderen gelehnt, auf die *Hanga.* Die bestand aus zwei Stangen, die parallel an trapezförmigen Eisenträgern von der gewölbten Kellerdecke hingen. Die Laibe hatten so von allen Seiten kühle Luft und waren sicher vor möglichen Mäusen, die ab und zu in den Keller gerieten.

Nun galt es noch, die Backgeräte zu reinigen und aufzuräumen. Die *Brotkörbla* wurden ausgeklopft, ausgefegt und ineinandergestapelt, die Backbleche ausgewaschen, ebenso die *Molda.* Alle diese Geräte kamen wieder an ihren Platz oben in der Mehlkammer. Die Obstkuchen wurden zerschnitten und die Stücke so verteilt, dass jedes Familienmitglied seinen gerechten Anteil bekam.

Onter 'em Adventskranz

In den Tagen vor dem ersten Advent band die Mutter den Adventskranz, versah ihn mit den roten *Adventskranzbändeln,* besteckte ihn mit vier roten Kerzen und hängte ihn auf in der Ecke über dem Harmonium, später über dem Klavier. An den Abenden der vier Adventssonntage wurde »der Adventskranz angezündet« (oder doch wenigstens, in wachsender Zahl, die Kerzen). Dann sangen wir Advents- und Weihnachtslieder. Die Mutter las uns eine Geschichte vor, entweder aus der Bibel oder aus den Lebensbildern von Missionaren und anderen Glaubenszeugen. Unsere werktägliche, allabendliche Adventsfeier jedoch fand einen Stock tiefer statt. Dazu ist etwas weiter auszuholen:

An den Abenden, wenn die Frauen im Stall waren [siehe Seite 176 ff.], gingen wir hinunter zum Christianvetter. Der Vater forderte uns zwar wiederholt auf: »Jetzt bleibet doch dô!« – aber wir waren nicht leicht von einer Gewohnheit abzubringen. Der Christianvetter war ein seelenguter Mann. Oft zauste ihn eines der Kleinen an seinem Schnurrbart. Eine Weile duldete er das, um dann plötzlich mit einem lauten Schnarcher und Schnappen nach den kleinen Händchen das Kind zu erschrecken. Doch dieses Erschrecken muss so lustvoll gewesen sein, dass das Spiel gleich wieder von vorne anging. Ich hatte den Eindruck, dass er die nicht immer zärtlichen, aber keinesfalls groben Berührungen der kleinen Hände genoss. War doch Streicheln und Küssen bei uns nur im allerengsten Familienkreis und nur bei den Kleinen üblich, ja schon ein Händedruck wurde sehr dosiert angewandt. Eine überlieferte Aussage des Onkel Christian, des Bruders unserer Mutter, lautete: »D' Schnoiter krieget koan Batsch.« Diese Kargheit, Gefühlsäußerungen betreffend, war sicher nicht immer gesund. Aber seltsamerweise wurde ein Kuss gefordert, wenn man sich gestritten hatte. Waren die Eltern dabei, so wurden die Streitigkeiten unterbunden, durften nicht zu Ende ausgetragen werden. Und dann kam der Befehl des Vaters: »Jetzt geant ihr uich en Kuss!« War da nicht der Befehl der Mutter sinnvoller: »Jetzt gohscht ens Schtüble nei, ond wenn d' wieder brav bischt, kommscht wieder raus!« Dort musste man sich zwar erst einmal unter Ausschluss der Öffentlichkeit abreagieren, etwa mit dem Fuß gegen ein Möbelstück *schtaucha* oder auf ein Kissen einboxen. Aber dann hatte man Zeit, sich nach eigenem Bedürfnis zu beruhigen und zu besinnen, und dann war man auch bereit, ins Familienleben zurückzukehren.

Doch zurück zum Christianvetter. In der Stube stand ein großer Schrank mit Schubladen, die auch für die Kleinen erreichbar waren. Darin waren die einfachsten Spielsachen aufbewahrt, die man sich denken kann: Da war ein *Säckle* mit den verschiedenartigsten Knöpfen, die man sortieren, auffädeln, zu Figuren legen und sogar aufnähen konnte. Da waren Würfel, die man zu Bildern zusammensetzen oder zu Türmen aufbauen konnte. Da gab es auch Mikadostäbe und noch andere Dinge, die größere und kleinere Kinder freuten und beschäftigten.

Und auf dem Seitentisch stand in der Vorweihnachtszeit ein *Adventshäusle.* Das wurde, wenn die Frauen im Stall fertig waren, auf den Tisch gestellt und eine Kerze darin angezündet. Dann schien das Licht durch die schon geöffneten Fensterlein und durch die Ritzen der noch geschlossenen. In jedem stand ein Bibelspruch. Jeden Abend wurde ein weiterer Fensterladen geöffnet und der Spruch gelesen, der sich von nun an auf dem hell erleuchteten Transparentpapier offenbarte. Zu den Advents- und Weihnachtsliedern der *Dote* gehörten dann auch Weisen, die nicht im Württembergischen Gesangbuch standen. Dazu sang die *Dote* gern die zweite Stimme. Nach dem Singen bekam jedes Kind ein *Guetsle* – nur eins, als Vorgeschmack auf den Christtag.

Als Einladung zum Abendessen ertönte ein Ruf oder ein Klopfzeichen von oben. Werktags gab es immer *Brotsupp, Ebira ond g'schtandena Milch.* Anschließend wurden die Kleinen *ens Bett g'schafft.* Die Mutter versäumte nie, ans Bett zu kommen und mit den Kindern ein Abendlied zu singen und zu beten – aber nicht nur die einfachen Kindergebete, sondern auch lange Gesangbuchlieder. Auf diese Weise sammelte sie nach und nach einen großen Liederschatz in uns an.

Der Vater hatte sich indessen ans Harmonium gesetzt und spielte Orgelvorspiele, Choräle und auch Volkslieder aus den »Bundesklängen«. Die Mutter holte unsere Puppen hervor – meine waren schon längst in den Besitz der kleineren Schwestern übergegangen – dazu *Doggabettla, Stöffla* und Nähzeug. In diesem Jahr durfte ich zum ersten Mal aufbleiben und helfen, *Doggakloidla* zu nähen. Ich fühlte mich sehr groß. Wenn dann um zehn Uhr der Kleinste, das Gerhardle, zum letzten Mal gestillt und trockengelegt war, dann war für alle Feierabend.

Advent: Mariä Verkündigung, eines der Schnaiter Emporenbilder, gemalt in der Art einer Biblia Pauperum von Josef Wagner aus Alfdorf im Jahr 1761.

An den Adventssonntagen kamen in der Abenddämmerung, die ja im Dezember schon um vier Uhr einsetzt, einige Mädchen aus dem Mädchenkreis zusammen, um bei alten und bettlägerigen Leuten zu singen. Wir hatten schon zuvor zwei- und dreistimmige Lieder eingeübt. Von der Schwester Sophie hatten wir die Adressen bekommen. Wir fragten natürlich an den Türen, ob wir auch willkommen waren, und ich kann mich nicht erinnern, dass wir jemals abgewiesen worden wären, obwohl wir manchmal an unseren Schuhen, trotz sorgfältigen Abstreifens und Abklopfens, Schnee und Nässe in die Häuser trugen.

An eine bestimmte Gelegenheit erinnere ich mich besonders lebhaft. Es war im *Gässle* (das Haus steht jetzt nicht mehr) bei der Mutter von der »Post-Emma«. Das Zimmer der alten Frau war gut geheizt – für uns, die wir aus der Kälte kamen, überhitzt. Da lag sie nun unter ihrer dicken Federdecke, den Kopf mit den gelblich-grauen Haaren von mehreren Kissen gestützt. Ein stechender Uringeruch füllte den Raum, so dass ich fast glaubte, keine Luft zu kriegen. Doch wir sangen unsere Lieder, und ich sah, wie die »Wöllhafe« ihre Lippen bewegte: Die Lieder waren angekommen.

Chrischttag

Unser Christtag fing so richtig am Heiligabend an. Da gab es natürlich tagsüber sehr viel zu tun: Die Wohnung musste geputzt, der Festtagsbraten im »Ochsen« eingekauft werden. Nachdem der Vater den Christbaum in das *Gärtle,* den alten Holzständer mit dem kleinen grünen Lattenzaun, eingepasst, in die Stube getragen, in der Ecke aufgestellt und dort obendrein zur Sicherheit mit einem *Strickle* an einem Haken in der Wand festgebunden hatte, konnte die Stube geputzt werden.

Solange wir noch Bohnerwachs hatten, wurde das Eichenholzparkett mit einem Bausch Stahlwolle auf den Knien abgespänt. Die Schmutzpartikel, vermischt mit winzigen Holzspänchen und Stahlspänen, wurden sorgfältig abgekehrt und der Staub mit einem feuchten Tuch abgewischt. Danach wurde gewissenhaft das Bohnerwachs aufgetragen, ebenfalls kniend, und mit dem *Blocker* blank gebürstet. Die Mischung von Bohnerwachs und Tannenduft war so festlich, wie mir seither kein Duft mehr in die Nase gekommen ist. Das Bewusstsein, ein gutes, wenn auch vergängliches Stück Arbeit erledigt zu haben, mag auch dazu beigetragen haben.

Es geht auf Christtag zu: Schnaiter Predigtsaalkirche (1748) mit den Emporenbildern links und rechts und dem gotischen Hochaltar (1497) in der Mitte.

Mit der Zeit aber bekam man kein Bohnerwachs mehr zu kaufen. Dann wurde der Boden nur noch nass aufgewischt. Das war weniger zeitaufwendig, aber eine gewissermaßen pietätlose, erhebliche Beeinträchtigung in Bezug auf unsere Sinnesempfindungen.

Meistens gab es am Christfest »gefüllte Kalbsbrust«. Man hatte ja in den Wochen vorher Fleischmarken gespart, so dass es am

Fest ein wenig üppiger zugehen konnte. Also zog ich am Vormittag des 24. Dezember, meist mit einem *Gschwisterle* im Schlepptau, in die Metzgerei des »Ochsen«. Der Besitzer war ein Vetter der Mutter, und da der Onkel Eugen und die Tante Liesel kinderlos waren, so hatten sie desto mehr für die Kinder der Verwandtschaft übrig.

Der Onkel Eugen richtete also die Kalbsbrust zu, schnitt eine Tasche hinein, in die er ein paar Rippenknochen steckte, wog uns das Siedfleisch und die Wurst ab, und dann packte er noch für jedes von uns Kindern ein kleines *Saitenwürstle* in die Tüte. Ja, und dann bekamen die Kleinen noch ein *Rädle Wurscht* extra. Ich glaube, darum begleiteten sie mich auch so gerne zum Ochsen. Die *Saitenwürstla* passten sehr gut zu den Linsen und Spätzle, die es zum Mittagessen gab. Das war das einzige Mal im Jahr, dass wir ein *Würstle* mit zwei Zipfeln bekamen, auch wenn der gefüllte Teil nur kurz war.

Inzwischen hatte die Mutter verschiedene Tüten mit *Guetsla* gefüllt und bereitgestellt: Einerseits für den *Döte* und die Tante Anna, den Stilz-*Ehle* und die Stilz-*Ahne*; andererseits für Mutters Schwester Rösle, die *Dote* von uns Kindern, sowie den Schloss-*Ehle* und die Schloss-*Ahne*; und weiterhin die Tante Ernstine, Vaters Schwester, mit dem Onkel Reinhold sowie Helene und Heinrich, deren Kinder. Für die Helene, die Vaters *Dötle* war, kam außerdem noch ein richtiges Weihnachts-Patengeschenk dazu, ebenso für den Heinrich, der das *Dötle* der Mutter war. Andererseits war weder die Tante Ernstine noch der Onkel Reinhold bei uns als Taufpate benötigt worden. Diese Asymmetrie hatte ihre subtilen Verwicklungen und Konsequenzen: Nach dem Mittagessen nämlich, solange die Kleinen schliefen, brachten der Martin und ich die Geschenke zur besagten Tante Ernstine. Was uns aber dort erwartete, war mir jedes Jahr gleich unverständlich und peinlich. Sie wies uns nämlich (scheinbar strikt) an, die Sachen wieder mitzunehmen. Ich meine mich zu erinnern, dass wir ihr tatsächlich einmal folgten. Aber dann belehrte uns die Mutter, dass die Geschenke der Helene und dem Heinrich gehörten, dass also die Tante Ernstine kein Recht hatte, sie zurückzuweisen. Von da an betrachtete ich ihre Bemühungen nicht mehr als eine Ungeheuerlichkeit, die den guten Brauch des Schenkens untergrub, sondern als den Versuch, pro forma das Gesicht zu wahren und nicht eine gegenseitige Schenkungsverpflichtung einzugehen, die sie nicht erfüllen durfte, konnte oder wollte.

Nun kam die spannendste Aufgabe im ganzen Jahr, beim *Döte* und der Tante Anna (der *Döte* war ja Soldat) und bei der Stilz-*Ahne* die Weihnachtsgeschenke zu holen. Wir bekamen einen großen Korb mit, in dem wir die von der Mutter vorbereiteten *Guetslesgugga* hintrugen. »Ond 's Dankesa: et vergessa!« wurden wir noch ermahnt. Für uns waren es große Schätze, die wir gegen unsere *Guetslesgugga* in unserem Korb heimtrugen. Aber aufpacken durfte man sie noch nicht, und eben das trug zu ihrem Geheimnis bei.

Die Schloss-*Ahne* war gut zu Fuß. Sie kam selber und brachte ihre *Guetsla* und obendrein der Mutter Geld für jedes ihrer Kinder, damit sie uns kaufen konnte, was wir brauchten. Die Zahl ihrer Guetslessorten war eng begrenzt: Lebkuchen und *Ausstecherla*. Dafür war aber die Größe der einzelnen Stücke beachtlich. Es wurde erzählt, dass sie dem eigentlichen Rezept noch ein paar Löffel Mehl, Milch und »Trieb« hinzufügte, was zwar die Qualität minderte, aber der Quantität aufhalf, und das war wichtig bei letztlich zweiundzwanzig Enkeln. Ja, sie war eine sehr praktische Frau, unsere Schloss-*Ahne*.

Am Abend gingen wir, wie gewohnt, hinunter zum Christanvetter. Wie üblich ertönten dann nach einiger Zeit, als Aufforderung zum Abendessen, Klopfzeichen an der Decke. Wie jeden Werktag, gab es *Brotsupp, Ebira ond g'schtandena Milch.* Aber dann wurden wir wieder hinuntergeschickt, denn der Christbaum musste noch geschmückt werden.

Bei der *Dote* Marie wurde das *Lichtle* im *Adventshäusle* nochmals angezündet und das

große Tor des 24. Dezembers wurde geöffnet. Endlich, endlich waren alle Fenster offen. Doch die Wartezeit dauerte noch ein wenig an. Sie wurde dadurch überbrückt, dass wir mit der *Dote* ihren Christbaum schmücken durften. Sie hatte andere, kostbarere Glaskugeln als wir: solche mit tiefen Dellen, Ketten aus kleinen Glaskügelchen, gläserne Trau-

Auf dem linken Innenflügel des Schnaiter Hochaltars zeigt der Künstler aus der Ulmer Schule den neugeborenen Christus auf dem Boden einer Stallruine.

ben, Glocken, einen Pfirsich mit samtiger Oberfläche und lange, gläserne Eiszapfen. Die Kerzenhalter wurden über die Zweige gehängt. An einem langen Stiel hing ein bleierner Tannenzapfen, der einerseits den Halt des Kerzenhalters sicherte, andererseits den Zweig, auf dem er saß, nach unten zog. Man musste also die Kerzen sehr bewusst verteilen, damit kein Zweiglein in Gefahr war, Feuer zu fangen. Wenn noch Zeit blieb, stimmte die *Dote* mit brüchiger Stimme ihr Lieblingslied an: »Am Weihnachtsbaum die Lichter brennen …«

Plötzlich ertönte das erwartete Klopfen von oben, und wir stürmten die Treppen hinauf. Langsam folgten die *Dote* und der Christianvetter. Und dann standen wir vor dem Christbaum in seinem leuchtenden Schmuck, staunend und beglückt. Der Vater setzte sich ans Harmonium, und wir sangen einige der vielen schönen Weihnachtslieder, die im Kirchengesangbuch zu finden waren: »Vom Himmel hoch«, »Fröhlich soll mein Herze spingen«, »Gelobet seist du, Jesu Christ«. Danach wurde die Weihnachtsgeschichte gesprochen: »Es begab sich aber zu der Zeit …« Wir konnten sie auswendig aufsagen. Noch ein Lied, dann war die eigentliche Feier zu Ende, die Kerzen fast heruntergebrannt. Nun durften wir unsere Geschenke auspacken. Die *Dote* war ganz leise verschwunden und kam wieder mit ihren Geschenken. Von ihr waren die ersten Bücher, die wir zu eigen bekamen. Der Christianvetter saß still im Korbsessel neben dem Ofen und hatte rätselhafte Tränen in den Augen. Aber niemand fragte ihn, warum er heult.

Am Heiligen Abend durften wir so lange aufbleiben wie wir wollten. Vater und Mutter gingen irgendwann ins Bett, nachdem die Kleinen müde und glücklich eingeschlafen waren. Aber seltsam, das »Lang-Aufbleiben« machte nicht lange Spaß. Ich glaube, wir hielten nie bis Mitternacht aus.

Das Aufstehen am Morgen des Christfests war etwas Besonderes. In der Stube, die erst eingeheizt worden war, war es noch kühl, doch der Duft der Fichtennadeln und Kerzen war umso deutlicher zu riechen. Und da waren die *Guetslesteller* und die ausgepackten Geschenke, das sauber zusammengelegte Geschenkpapier, die ordentlich aufgewickelten bunten Bänder – und die morgendliche Ruhe, ehe die Ereignisse des Festtags ihr Recht forderten.

Am Vormittag hielt der Pfarrer einen Festgottesdienst, der besser besucht war als sonst ein Sonntagsgottesdienst, aber nicht so gut wie der am Altjahresabend. Der Kirchenchor unter der Leitung von Oberlehrer Strauß sang, auch die Gemeindelieder wurden von Oberlehrer Strauß an der Orgel begleitet. Am Nachmittag und am zweiten Feiertag war dann unser Vater wieder der Organist.

Der Pfarrer jedoch hatte alle Gottesdienste an Weihnachten, Silvester und Neujahr zu bestreiten. Man wusste damals noch nichts von Kanzeltausch oder Diakonen.

Am Nachmittag war Kinderkirch-Weihnacht. Mir ist davon nicht viel mehr in der Erinnerung geblieben, als dass die Kinderkirchenhelferinnen am Schluss ein kleines Geschenk austeilten, einen Lebkuchen und ein kleines *Büchle*.

Beim Heimgang von diesem Nachmittagsgottesdienst war es schon dunkel. Die Straßenlampen warfen nur einen engen Lichtkreis direkt nach unten. Zuhause mussten zuerst die Verdunkelungsrahmen in die Fenster gestellt werden, ehe Licht gemacht wurde. Wir waren ja im zweiten Kriegsjahr, und die Angst und die Dunkelheit schlichen draußen umher. Sie verdichteten sich von Jahr zu Jahr mehr.

Die Verdunkelungsrahmen hatte der Vater selbst zusammengenagelt aus langen, genau abgemessenen Pfählen. Die Mutter hatte sie mit dickem, schwarzem Packpapier bezogen. Sie waren nicht schwer, aber aufgrund ihrer Größe unhandlich und mussten genau in die Fenster eingepasst werden. Drang auch nur ein kleiner Spalt Licht nach draußen, erklang bald von der Straße eine fordernde Stimme: *A:donkla!* Oft waren es Nachbarn oder aufmerksame Passanten, die lautstark die »Sünder« warnten und so vor Strafe schützten.

Nun waren alle Fenster verdunkelt, nun konnte Licht gemacht werden. Der Christbaum in der Ecke schimmerte festlich im Licht der Deckenlampe und verbreitete seinen Duft. Bald mischte sich mit dem Tannenduft das Aroma des Kakaos, der fürs Abendessen auf dem Ofen gekocht wurde. Dazu gab es Hefekranz. Eine kinderreiche, dazu – nach amtlicher Nomenklatur – »teilselbstversorgende« Familie hatte ja im Kriegswinter 1940/41 noch genügend

Kriegsweihnacht im Schloss: In der nach außen abgedunkelten Stube sitzt man bei Hefekranz und Wein. Von der Decke hängt ein Flugzeug aus Schteckerla.

Lebensmittel zur Verfügung, dazu kamen »Sonderzuteilungen« vor Weihnachten und die »Sonderrationen« der Mutter nach der Geburt des Kleinen.

Am zweiten Feiertag, dem 26. Dezember, war großes Familienfest im Schloss. Der Schloss-*Ehle* feierte seinen 72. Geburtstag. Der Onkel Ernst kam mit der Tante Elise, dem zehnjährigen Theo, dem neunjährigen Heiner, dem sechsjährigen Rudi und dem zweijährigen Hermann aus Stuttgart-Sonnenberg. Wir waren zu siebt dabei, der Vater, der Martin, der Gottfried, die Lisbeth, die Marta, die Annemarie und ich. Die Mutter kam nur kurz und ging dann wieder heim zum sechs Wochen alten Gerhardle. Mutters Schwester Rösle (unsere *Dote*) und der Onkel Reinhold kamen mit der zehnjährigen Dora, der neunjährigen Hanna und dem sechsjährigen Sohn Reinhold. Der Onkel Christian und die Tante Mathilde waren als »Schlossbewohner« maßgeblich am Fest beteiligt, während ihre Kinder, der Hans, die Lene, die Grete, der Christoph und der Eberhard, sich zu den übrigen Kindern in der Stube der *Ahne* gesellten und dort ihren Malzkaffee und Hefekranz kriegten. Die Erwachsenen, zu denen noch Mutters Döte als einziger Bruder des *Ehle* sowie dessen Schwester, die Ochsenwirts-Tante Ernstine, und obendrein die *Dote* Marie und der Christianvetter gekommen waren, wurden in der Stube von Onkel Christian und der Tante Mathilde bewirtet. Nach dem Kaffeetrinken zerstreuten sich die Kinder in die geräumigen Stuben der *Schlossemer* und weihten deren *Christkendla* ein. Auch die Geschenke, die der Onkel Ernst jedem seiner Neffen und Nichten mitgebracht hatte, wurden begutachtet und in Gebrauch genommen.

Nôch de Feierdich

Nôch de Feierdich – oder *zwischa de Jôhr* – war das familiäre Leben noch sehr feiertäglich geprägt. Da war der große Christbaum, der die Stube dominierte, da waren Märklin-Eisenbahn und *Doggaschtuba,* kurz: die Kinder beherrschten die Stube. An den Nachmittagen kam die Schloss-*Ahne*, um beim Strümpfeflicken zu helfen. Für mich allerdings war das Spielen zu Ende. Die Zeit des Strickens hatte begonnen. Die *Ahne* konnte neben dem Stricken lesen, und an diesen Nachmittagen teilte sie uns reichlich aus diesem Schatz mit. Wie konnte sie erzählen, nicht nur von Gelesenem und Gelerntem, sondern auch aus alten Zeiten: die Liebesgeschichte ihrer Eltern, aber gar nicht ihre eigene oder die ihrer Geschwister. Kam es, weil sie uns noch nicht für erwachsen genug erachtete oder einfach, weil wir nicht fragten?

Neujahr und Erscheinungsfest kamen und gingen vorüber. Der Christbaum nadelte schon sehr, und wenn man am Abend des Erscheinungsfests die Kerzenstümpfe vollends abbrennen ließ, musste man schon sehr aufpassen, dass nicht der ganze Baum mit abbrannte. Noch einmal begleitete der Vater unser Singen auf dem Harmonium, und wir sangen jetzt in bunter Folge Advents-, Weihnachts- und Erscheinungsfest-Lieder, auch noch, als die Kerzen schon erloschen waren. Dazu kamen auch Weihnachtslieder zu ihrem Recht, die damals noch nicht im württembergischen evangelischen Gesangbuch standen, wie »Herbei, o ihr Gläub'gen« oder, mit einiger kalendarischer Verspätung, »Stille Nacht, heilige Nacht«. Im Letzteren wurde obendrein nicht in salzburgisch-neobarocker Manier vom »holden Knaben im lockigen Haar« gesungen, sondern recht evangelisch von dem »trauten hochheiligen Paar, das im Stalle zu Bethlehem war, bei dem himmlischen Kind«. Das politisch opportune Lied vom immergrünen Tannenbaum galt bei uns nicht als Weihnachtslied, sondern einfach als Winterlied. Ähnlich war es mit »Leise rieselt der Schnee«. Der reichlich unchristliche Beethoven-Schwulst »Heil'ge Nacht, o gieße du …« oder gar das nationalsozialistische Wintersonnwendlied »Hohe Nacht der klaren Sterne« standen eindeutig auf dem familiären Index. Ich hatte sie zwar im »Dienst«, bei den »Jungmädeln«, gelernt, und ihre feierlichen Melodien gefielen mir auch. Doch gleichzeitig legte ich (mit der Unterstützung meiner Eltern) die Texte kritisch auf die Goldwaage und verwarf sie als nichtssagend.

Am nächsten Morgen wurden die Schachteln für den Christbaumschmuck hergeholt. Sorgfältig wurde Stück für Stück vom Baum abgenommen und verpackt. Es war eine fast wehmütige Arbeit, denn nun dauerte es beinahe wieder ein Jahr, bis man das *Engele* und die anderen Sachen wiedersah.

Wenn dann der Weihnachtsschmuck verstaut und die Fichtennadeln vom Boden aufgekehrt waren (lange fanden sich noch einzelne unter den Möbeln), wenn schließlich der fast kahle *Schtorra* Christbaum zusammengeschnitten und verbrannt war, wurde die Eisenbahn der Buben abgebaut und verpackt. Die lange, weiße Bank wurde wieder in die Stube getragen und unter dem Fenster zum Garten aufgestellt.

Dr'hômtarom

Der Vater holte jetzt die *Weidabuschla* vom Hof herein und warf sie quer in die Stube. Auf *dem* Bank hatte er seine Werkzeuge zum *Bandmacha* bereitgelegt: das scharfe *Hôpamesser* und die *Bandschloißa* – ein kleines, handlich zugespitztes Holzstück mit drei oder vier breit angelegten Kerben an einem Ende. Dieser etwa 5 cm lange Pflock von 3 cm Durchmesser ließ sich mit Druck und, soweit nötig, den Schlägen des *Hôpagriffs* oder eines leichten Hammers der Länge nach durch eine Weidenrute treiben und zerschlitzte sie dabei in drei oder vier *Bänder.*

***Bandschloißa* bei der Arbeit: Mit dem kleinen, handlichen Holzpflock lassen sich Weiden der Länge nach in drei Bänder schlitzen.**

Die einzelnen Weiden wurden aus der *Buschla* gezogen und bearbeitet. Die ganz kleinen Ästlein wurden abgeschnitten und fielen auf den Boden. Die schlanken Korbweiden legte der Vater zu seiner Linken auf den Boden. Sie waren alle astfrei. Die etwas dickeren entastete er, schnitt sie mit dem *Hôpamesser* ein, setzte die *Bandschloißa* an und schlitzte sie längs durch, so dass die flachen Weidenbänder entstanden, die im Frühjahr zum *Benda* im *Wengert* gebraucht wurden. Sie wurden rechts auf die Bank gelegt. War ein größeres Bündel zusammengekommen, wurden sie zu einem *Onderstaißer* zusammengebunden.

Die noch kräftigeren Weiden dienten später zum Zusammenbinden der *Krähla* im Wengert. An ihren dünnen Enden wickelte Vater eine Schlaufe, ein *Säle,* durch die beim *Krählabenda* im *Wengert* das dickere Ende gezogen wurde. Dieses dickere Ende knickte er auf Handlänge ab und drehte es ein paarmal zwirbelnd, so dass die harten Fasern gebrochen wurden und die Weiden flexibel blieben.

Einige von den dicksten, kräftigsten Weiden wurden zu *Brezgeda* verarbeitet. Auch diese wurden entastet, elastisch gezwirbelt und dann zu Kränzen gewickelt. Sie wurden später zum *A'weidna* verwendet, wenn am *Greaba* oder *Butta* oder an der *Kaiza* die Tragriemen schadhaft geworden waren. Um

Beim A'weidna erhalten Butten und andere Traggeräte solide und jahrelang haltbare Tragriemen aus geflochtenen Weiden.

die damit ausgestatteten Geräte zu schultern, wurden die Achseln des Trägers durch ein ärmelloses Lederwams, den *Lender,* geschützt.

Die Kinder, sammelten von den am Boden liegenden Ästchen so viel auf, dass der Vater oder der Christianvetter ein *Beasele* binden und mit einem dicken Weidenstock versehen konnte. Aber es waren immer noch viele übrig.

In diesen Tagen und Wochen, wenn die Weiden in der Stube lagen, hieß es für uns Kinder, besonders brav zu sein. Denn die Enge der Stube, das Spielen und Lärmen der Kinder, wohl auch die quälenden Gedanken über die Zeitläufte nagten und rissen am Nervenkostüm des Vaters. Da konnte es leicht sein, dass selbst bei einem geringen Vergehen eine Weide durch die Luft sauste und empfindlich traf. Oft schickte uns auch die Mutter hinunter zum Christianvetter, wenn die Luft zu knistern anfing. Dort waren wir immer willkommen. Allerdings konnte es auch vorkommen, dass eine kleine Puppenmutter nach dem *Druckamacha* ihres Puppenkindes das *Deckbettle* nicht fand. Es lag nicht auf *dem* Bank, nicht auf dem Boden, nicht auf dem Tisch – aber der Christianvetter *schmonzelte* so verräterisch, und dann stellte es sich heraus, dass er es sich geholt hatte, um weicher zu sitzen.

Etwas gemütlicher wurde es nach dem »Bandmachen«, wenn der Vater Körbe flocht. Hier war er sehr schöpferisch: *Zorna,* große zweihenklige Körbe, *Bogagrätta, Kirschagrätta,* ja sogar den großen Waschkorb für die Schmutzwäsche stellte er her. Manche *Grätta* flocht er zweifarbig, aus geschälten und ungeschälten Weiden, andere, wie die Wäschekörbe, sogar nur aus weißen, geschälten Weiden. Dazu wurden die Weiden in der Waschküche eingeweicht, angebrüht und dann abgeschält. Weiße Körbe erwiesen sich zudem als haltbarer, weil die Rinde, die Holzwürmern Unterschlupf gewährte, entfernt war.

Als junger Mann hatte der Vater das Korbmachen bei einem *Grattamacher* gelernt, und nun gab er, zumindest theoretisch, diese Kunst an uns weiter. Zuerst bildete er das »Kreuz« aus dicken, gleich langen Weiden, entsprechend dem Durchmesser des geplanten Korbs. Die Hälfte davon wurde in der Mitte eingeschlitzt, die andere Hälfte durch diese Schlitze gesteckt. Nun kam noch ein einzelnes, etwas weniger als halb so großes Stöckchen dazu, und dann wurden die freien Enden so mit dünnen Weiden umwickelt, dass sie sich allmählich strahlenförmig auseinanderbogen. So entstand eine runde Scheibe: der »Mond«. Der nächste Schritt war für die Kinder der interessanteste: In den Rand der Scheibe wurden gleich dicke und gleich lange Weiden gesteckt, je eine zu beiden Seiten der Bodenstagen. Diese »Strahlen« bildeten zunächst eine riesige »Sonne«, wurden dann aber scharf an der Kante der Grundscheibe umgebogen, sie durften dabei jedoch nicht knicken. An ihren dünnen Enden wurden sie mit einer Schnur zusammengebunden. Das war nun der »Vogelkäfig«. Manchmal durfte eines der Kleinen in diesem Käfig schaukeln, ehe der Vater die Wand des Korbes zu flechten begann. Bis zur Höhe eines größeren Korbs mussten zwei »Stockwerke« von Weidenkränzen spiralförmig aufeinander geflochten und als Geflecht mit Hilfe eines Treibholzes und einem leichten Hammer verdichtet werden. Wie jedoch der Abschluss, der Rand des Korbes, gestaltet wurde, das bekam ich nie so richtig mit. Der Henkel richtete sich nach der Größe und dem Verwendungszweck des Geflechts. Die ovale *Kirschagrätta* bekam einen kleinen Henkel über der flachen Seite. Durch diese wurde nachmals die *Gurtla,* ein Ledergurt, geschlungen, mit der sie *om da Bauch* gebunden wurde, so dass man beim *Kirscharadoa* beide Hände frei hatte, die eine zum *Heba,* die andere zum Kirschenpflücken.

Die *Zorna* bekamen zwei Henkel, die einander genau gegenüber platziert werden mussten. Sie wurden zum Holztragen, für Obst oder für Futterrüben verwendet. Eine sehr vielseitige Verwendung fand die *Bogagrätta.* Vom Einkaufskorb über die *Veschpergrätta* bis zur *Ebiragrätta,* in die auf dem Acker die Kartoffeln gelesen wurden, gab es große und kleine Variationen. Mehr oder weniger beliebt bei den Mädchen, aber ab einem gewissen Alter unumgänglich, war

Arbeitsgeräte des Korbmachers: rechts außen zwei werdende Korbböden, die auf dem Weg zum »Mond« sind.

das *Strickgrättle.* Mir war dieses lange Zeit verhasst gewesen. Noch vor meiner Schulzeit sollte ich meinen ersten Tafellappen gestrickt haben. Also forderte mich das *Strickgrättle* immer und immer wieder stumm auf, ein paar Reihen an dem Werk zu stricken. Aber sehr schnell kam etwas Wichtigeres dazwischen, sei es, dass die Lisbeth trocken gemacht werden musste oder einen Schoppen brauchte, sei es, dass die Dora und die Hanna so schön spielten, dass ich unbedingt dabei sein musste. So gerieten viele Fehler in mein Gestrick, und es wurde einfach nicht größer. Letzten Endes hat mir die Mutter den Tafellappen gestrickt, kurz bevor die Schule im Frühjahr 1935 für mich anfing.

Diese Unlust zum Stricken lag aber nun, im Januar/Februar 1941, weit zurück. Ja, ich konnte sogar, wie die *Ahne*, zugleich lesen und stricken, und damit war auch für mich die langweilige, produktive Arbeit doch sehr interessant geworden. Lesen ohne zu stricken durfte man am Sonntag. Werktags war das nachmittägliche Vesper die Zeit, wo man sich, wenn man daheim war, zu seinem Brot ein Buch holte. Aber dann wurde oft mit dem Stillen des leiblichen Hungers der geistige so angeregt, dass man noch ein Brot brauchte, um am Lesen bleiben zu können. Deshalb wurde die Regel eingeführt: zwei *Bröter* gibt es *mit ebbes druf,* ein drittes gab es nur leer.

In diesen Wintertagen 1941 war mir eine Konkurrenz im Stricken erwachsen: Der Gottfried begeisterte sich so für diese Kunst, dass er angefangen hatte, für das Gerhardle ein *Hösle* zu stricken aus *o'bloicht Garn,* also aus Baumwolle. Mir wollte das gar nicht gefallen, das Stricken sei doch *koa Buebagschäft.* Die Mutter aber teilte dieses Vorurteil nicht. Sehr viel später habe ich selbst Buben im »Maschen bilden«, also Häkeln und Stricken, unterrichtet. – Jedenfalls, das *Baumwollhösle* für den Gerhard wurde tadellos, und er ist später stolz darin herumspaziert. Doch viele *Hösle* hat der Gottfried nicht gestrickt. Es kam nämlich das Frühjahr und damit die Feldarbeit.

Metzga

Eine der letzten Winterarbeiten war das Schlachten des Schweins, das seit dem Spätsommer im *Säuschtall* mit Kartoffeln, Rüben, Kürbis, Maisgrieß und allerlei Küchenabfällen gemästet worden war. Die Rüben waren nun aufgebraucht, ebenso die Kürbisse sowie die kleinen und die bei der Ernte versehentlich angehackten *Ebirla.* Der Verbrauch der

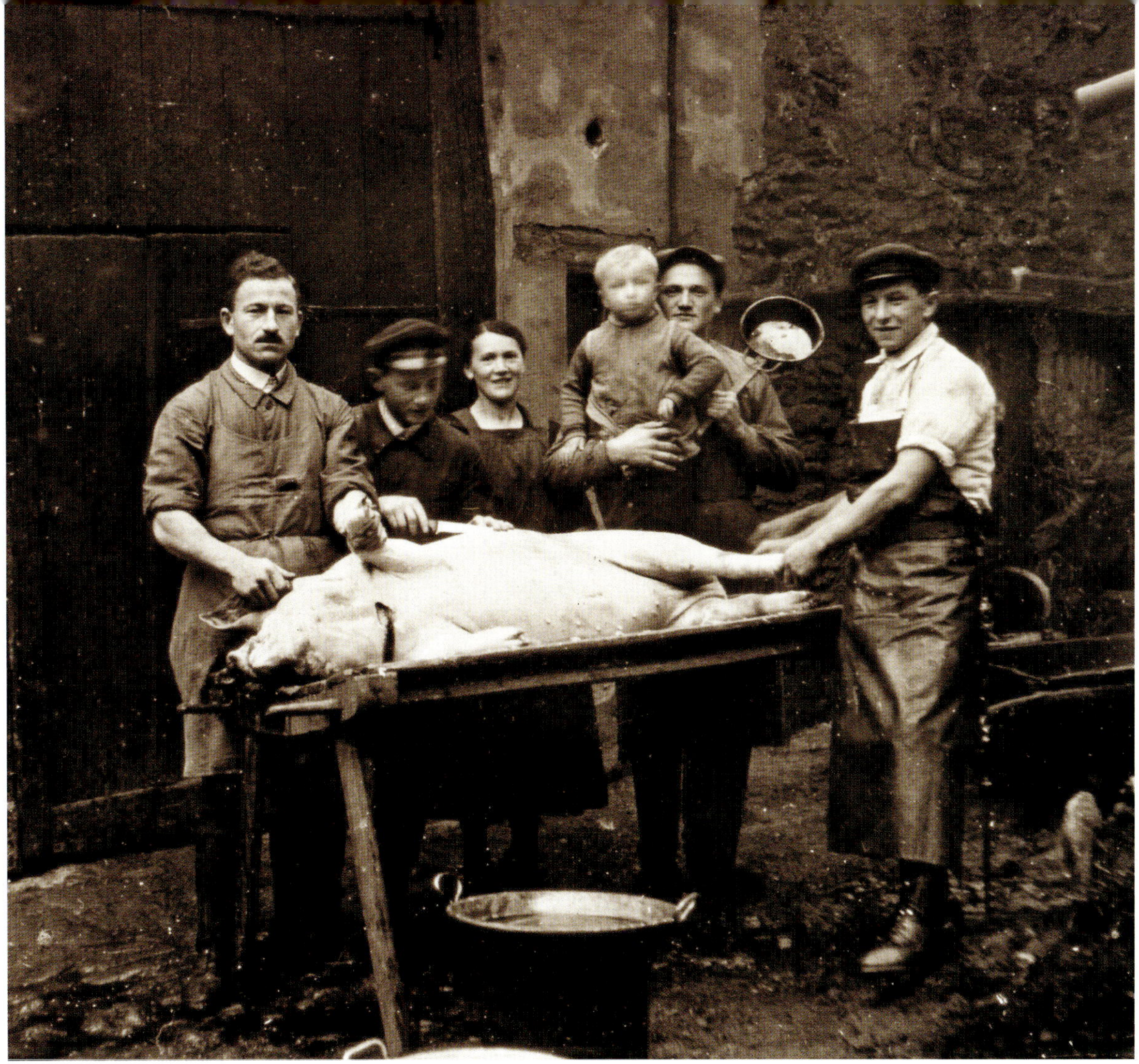

Sau auf'm Schraga: Metzger (rechts), Helfer und Auftraggeber gruppieren sich um das arme Schwein, das schon sein Blut und seine Borsten verloren hat.

Speisekartoffeln (nach Abzug der Saatkartoffeln) war abzuschätzen, und das grunzende und quiekende Tier war zu seiner mutmaßlich vollen Größe herangewachsen.

Doch die Schlachtung war in jenen Zeiten gar nicht so einfach, wo doch »alles bewirtschaftet« war. Zuerst musste deshalb auf dem Rathaus ein Schlachtschein beantragt werden. Auf diesem Antrag wurden die Personen aufgeführt, für die geschlachtet werden sollte. Diese bekamen dann für die angerechnete Zeit keine Fleischkarten. Nun musste das Gewicht des Schweins amtlich festgestellt werden. Dazu wurde es in einen hölzernen Käfig gesteckt und zur öffentlichen Bodenwaage vor der Post transportiert. Das

Sau am Rechen: An den Sehnen der Hinterläufe aufgehängt, ist der Schweinekörper vorbereitet auf seine fachgerechte Zerlegung. Das weiß auch die Katze.

Gewicht des hölzernen Käfigs war geeicht. Das vereinfachte die Prozedur des Wiegens und ersparte manchen Streit. Nun wurde das Lebendgewicht in den Antrag eingefügt und dieser mit dem Wiegeschein auf das Rathaus gebracht. Dann musste man auf die Entscheidung warten. Aber ich kann mich nicht erinnern, dass jemals ein solcher Antrag abgelehnt worden wäre.

Lag der genehmigte Schlachtschein vor, so wurde der Metzger bestellt und der Schlachttag vereinbart. An den Tagen zu-

vor war in der Waschküche Großputz. Der Waschkessel wurde gründlich vom kalkigen Kesselstein befreit, der große, schwere Hacktisch aus der Ecke gerückt und sorgfältig gereinigt, mehrere Eimer und hölzerne *Gelta* wurden bereitgestellt. Der *Floischhauer* (eigentlich: Fleischbeschauer) wurde bestellt. Das geschah mündlich, denn es gab im Ort nur wenige Telefone. Überdies war es ein Besorgungsgang von höchster Bedeutung, welchen der Vater oder der Christianvetter meist persönlich unternahm, um auch gleich noch weitere nötige Bestellungen zu erledigen. Am Abend vor dem Schlachttag lieferte der Metzgergeselle den *Schraga,* den *Galga* und die *Molda* an. Nun wurde es ernst.

Der Ochsenwirt, Metzger von Beruf, kam am nächsten Morgen mit seinen Werkzeugen: Schussapparat, Hackbeil, Fleischwolf, Messer und Schleifstahl sowie Harz in einer Dose. Er trug diese Dinge in einem Rucksack. In der Waschküche brannte schon ein helles Feuer unter dem Kessel, denn es wurde viel heißes Wasser gebraucht.

Der Vater und der Christianvetter zogen die Sau aus dem Stall. Sie stieß ein markerschütterndes Protestgeschrei aus, so dass sich die Kinder in die Wohnung zurückzogen. So neugierig sie auch waren, bei diesem Akt wollten sie nicht Augenzeugen sein. Plötzlich ein dumpfer Schlag, der das Kreischen jäh abbrach. Nun kamen die Kinder aus ihrer Deckung hervor und sahen die *Bôtsch* auf dem *Pfläschterle* liegen. Die *Dote* und der Christianvetter beugten sich über den Leichnam, in dessen Hals ein Schnitt klaffte. Der Christianvetter bewegte den linken Vorderlauf auf und ab, und bei jeder Abwärtsbewegung quoll ein Blutstrahl aus dem Schnitt. In einer großen Schüssel fing die *Dote* das Blut auf und rührte es gleichzeitig energisch um. Als das Bluten aufgehört hatte, rührte sie umso heftiger, bis auf der Schüssel ein rosafarbener Schaum stand. Nun wurde die Schüssel auf die Seite gesetzt und gut zugedeckt. »Des geit Griebawurscht«, wurde unsere Frage beschieden.

Das Schwein war inzwischen in den Brühtrog gewälzt worden und ruhte darin auf zwei Ketten. Aus einer Dose wurde Harz über den bleichen Körper gestreut, und dann schütteten die Frauen eimerweise kochendes Wasser darüber. Die Ketten wurden hin und her gezogen, der Körper mithilfe der Ketten auf die andere Seite gedreht. Die Hand des Metzgers fuhr auf der oberen Seite entlang und streifte eine Handvoll Borsten ab. Der tote Körper wurde immer nackter und blasser.

Als nächstes hatten die Männer ein kegelförmiges Eisenteil in den Händen, das am spitzen Ende in einen Haken auslief. Mit diesem Haken rissen sie der Sau die Klauen von den Füßen.

Der helle Kadaver wurde nun auf den Schragen gewälzt. Dort zeigte es sich, dass an manchen Stellen noch Borsten saßen, zum Beispiel am Ansatz der Beine, an den Ohren oder am *Schwänzle*. Die wurden nun mit den kegelförmigen Geräten oder mit Messern vollends saubergeschabt. Die Augen wurden herausgetrennt. Dann wurde der Kopf abgeschnitten, das Genick mit dem Hackbeil durchtrennt und der Kopf in einem Eimer mit Wasser deponiert.

Der Metzger legte nun an den Hinterläufen zwei Sehnen frei, so dass sie eine Schlaufe bildeten. Durch diese Schlaufen wurden starke hölzerne Dorne gesteckt, die an einem Balken befestigt waren. Diesen *Recha* mit dem daran hängenden Schwein hievten die Männer auf zwei gegabelte Stützen, die an die Wand gelehnt wurden. Nun hing es »am Galgen«. Der Metzger nahm ein langes, scharfes Messer und schnitt von oben bis unten den Bauch auf. Zunächst kam unter der gelblichen Schwarte der dicke weiße Speck zum Vorschein, dann das rötliche Fleisch, durch das die weißen Enden der Rippen schimmerten. Das Brustbein musste mit dem Hackbeil durchtrennt werden. Weiter unten purzelten die inneren Organe, Magen, Lunge, Leber, Nieren und schließlich auch die Därme aus dem »Netz«, einem lockeren weißen Fettgewebe. Diese Innereien wurden sorgfältig aufgefangen. Aus den Därmen wurde zunächst der Kot ausgedrückt, dann wurden sie gewendet und gründlich ausgewaschen. Sie wurden später gefüllt und enthielten dann *Griebawurscht, Leabrawurscht,* oder den *Saumaga* alias *Blonza.*

Nachdem die Innereien herausgenommen und der Korpus auch noch entlang des Rückgrats geteilt worden war, blieben die beiden Schweinehälften am Galgen hängen zum Auskühlen. Man wandte sich dem *Wurschten* zu.

Im Kessel kochte das Kesselfleisch. Was der Metzger da im Einzelnen alles hineingetan hatte, war meiner Aufmerksamkeit entgangen. Jetzt holte er sich mit der langen Gabel verschiedene Stücke heraus, legte sie auf den Tisch und schnitt sie in schmale Streifen. Diese wurden in den weiten Trichter des Fleischwolfs gesteckt. Die Mutter drehte die Kurbel des Geräts, die Spindel im Inneren zog das Fleischstück langsam hinein, und vorne kamen durch die Lochscheibe Bündel dünner Würmer heraus, die in einer großen Schüssel aufgefangen wurden. Dazu kamen klein gehackte Zwiebeln, Salz, Pfeffer, Majoran. Für die Leberwurst wurde die gekochte Leber hineingemahlen. Das gerührte Blut kam in die andere Schüssel für die Griebenwurst. Aus dem Speck wurden große Mengen von kleinen Würfelchen geschnitten und hinzugefügt. Der Metzger knetete die »Wurstteige« gründlich durch, versuchte sie auf ihre Würze und goss wohl auch noch ein wenig Kesselbrühe hinzu, bis ihre Konsistenz richtig war. Dann füllte er damit die gut gesäuberten Därme, indem er einen weiten Trichter in das eine Ende des Darms steckte. Das andere Ende hatte er mit Bindfaden zugebunden. Er schaufelte nun mit der rechten Hand den Wurstteig in den Trichter, hob ihn von Zeit zu Zeit ein wenig an und streifte mit der Linken am Darm entlang. Der wurde allmählich immer praller. Doch allzu prall durfte er nicht werden, sonst platzte er später beim Kochen. War der Darm voll, so band der Metzger ihn zu. Mit dem gleichen Bindfaden band er dann in einem Abstand von etwa 12 Zentimeter die einzelnen Würste ab.

Allerdings kam nicht die gesamte Wurstmasse in die Därme. Ein größerer Teil wurde von den Frauen in Eindünstgläser gefüllt, mit Gummiring und Deckel versehen und auf den Küchenherden in Eindünstkesseln bei Siedehitze über zwei Stunden hinweg gedünstet. Das war notwendig, um alle eventuell vorhandenen Keime abzutöten.

Die Kesselbrühe und das restliche Kesselfleisch waren aus dem Kessel genommen worden, die Brühe in Eimer geleert und zugedeckt, das Fleisch in Schüsseln gelegt und kühl gestellt.

Über dem Feuer erwärmte sich bereits frisches Wasser mit Salz. Da hinein wurden die Würste gelegt. Sie mussten langsam erhitzt

Auswoida: Aus dem geöffneten Schweinekörper werden die Innereien entnommen und gereinigt. Fast nichts davon bleibt ungenutzt. Dafür sorgt auch der Hund.

und gekocht werden. Deswegen musste das Feuer stetig brennen – aber ja nicht zu heiß. Dafür waren *Buechascheitla* besser geeignet als die rasch abbrennenden *Pfähla.* Die Würste konnten nicht nur beim Stopfen platzen, auch bei heftigem Kochen konnte der Darm reißen, und der Fleischbrei quoll dann in die Wurstbrühe. Die wurde dadurch zwar gehaltvoller, aber die Wurst war verloren.

Inzwischen war es Mittag geworden. Traditionell gab es beim Metzgen zum Mittagessen Nudelsuppe, in Kesselbrühe gekocht, und als Hauptgericht Sauerkraut mit Kesselfleisch und Brot. Die Mutter aber kochte *breaglete Ebira.* Und mit diesen gerösteten Kartoffeln und der Beilage eines Rote-Rüben-Salats fühlten sich, nach all dem Fettdunst des Schlachtgeschehens, sowohl die Familie als auch der Metzger um den Magen herum viel wohler als mit dem schwer verdaulichen Sauerkraut.

Mittlerweile war auch der Fleischbeschauer gekommen. Er trug einen rechteckigen Kasten, aus dem er ein Mikroskop holte. Von den Schweinehälften am »Galgen« schnitt er ein paar kleine Stückchen Fleisch und Speck ab und legte sie zwischen zwei Gläser unter sein Mikroskop. Lange drehte er an einer Schraube, während er das eine Auge zukniff und mit dem anderen hellwach durch das Okular schaute. Schließlich holte er aus seinem Kasten eine flache kleine Schachtel und einen Stempel. Damit ging er hinaus, klappte die Schachtel mit dem Stempelkissen auf, drückte wiegend den runden Stempel darauf und haute ihn fest auf jede Schweinshälfte. »Zo was macht 'r denn dees? Ka' m'r jetzt des Floisch no essa?«, waren unsere Bedenken. Doch die Mutter wusste, dass der *Floischhauer* amtlich untersucht hatte, ob die Sau Trichinen oder andere Krankheitserreger hatte, und der Stempel bezeugte, dass das Fleisch ohne schädliche Keime sei. Alsbald packte der Fleischbeschauer seine Gerätschaften wieder ein, bekam derweil noch ein *Veschper,* Brot, Wurst und *Girkla* und einen *Moscht,* dazu die Gebühr für seine Tätigkeit.

Inzwischen waren die Kinder mit sehr erfreulichen Aufträgen fortgeschickt worden: *Metzelsupp austra:.* Von vielen unserer Erzeugnisse – Beeren, Kirschen, Trauben und eben auch von der Sau – bekamen Pfarrer, Lehrer, Kranken- und Kinderschwester ein *Versuecherle* ab. Beim Metzgen wurde sogar die Verwandtschaft am Ort mit *Metzelsupp* bedacht (Beeren, Kirschen und Trauben hatten sie ja selbst). Die Metzelsuppe bestand für die »Honoratioren« aus Leber- und Griebenwurst und einem schönen Stück Fleisch. Fraglos galt diese Tradition im ganzen Dorf als guter Brauch aus einer Zeit, als solche Abgaben noch ein Teil der Besoldung des mit zu versorgenden, »höhergestellten« Personenkreises war.

Der *Metzelsupp* für die Verwandten wurde außer den Würsten und dem Fleisch noch ein *Kennle* Kessel- oder Wurstbrühe beigefügt. »Aber pass uf, dass es et verschitteschtׅ«, wurden die Kinder ermahnt. Bei diesen Botengängen gab es oft auch einen Botenlohn. Die Frau Oberlehrer, die so schön hochalemannisch redete, nannte es »Trinkgeld«. Manchmal war das ein *Schoklädle* oder *Zuckerle,* oft auch ein *Fünferle* oder *Zehnerle fürs Sparkässle.*

Inzwischen waren die Würste dem Waschkessel entnommen worden. Sie hingen in langen Schlingen an Pfählen zum Abtrocknen und Abkühlen. Die Wurstbrühe stand auch in Eimern, zugedeckt. Nun gab es für einige Zeit abends die *Brotsupp* mit Wurstbrühe statt mit Wasser.

Die hellen Speckseiten waren mit einem scharfen Messer vom roten Fleisch getrennt und ins Wohnhaus getragen worden. Es ging dem Abend zu. Der Hof wurde gesäubert, das Fleisch auf weiße Tücher in Wäschekörbe gelegt und in die jetzt kühle Waschküche gestellt. Morgen sollte der Metzger nochmals kommen und das Fleisch in geeignete Stücke zerlegen, damit man es eindünsten oder, um Rauchfleisch zu machen, einsalzen konnte. Die Gerätschaften waren gründlich gereinigt und an ihren Platz gerückt worden. Peinlich genau wurden die Räume geschlossen, damit sich weder Katze noch Maus Zutritt verschaffen konnten. In den Küchen kühlten auf den Abläufen der Spülsteine die Wurstgläser aus. Es war ein arbeitsreicher Tag gewesen, und morgen sollte ein weiterer folgen. Aber zur Ruhe gehen durfte man noch nicht. Da war noch der Speck, der morgen ausgelassen und heute Abend noch geschnitten werden musste. Er war schon in lange Streifen zerteilt.

Mit scharfen Messern und Schneidbrettern ausgestattet (beim *Metzga* wurden alle unsere Messer geschärft), saß die »Mannschaft« um den großen Tisch. Die Speckstreifen lagen in der Mitte und waren in zentimetergroße Speckwürfel zu zerschneiden. Mehrere Schüsseln standen bereit, um die Speckwürfelchen aufzunehmen. Immer wieder griff eine Hand nach einem Speckstreifen, und flinke Messer teilten ihn längs, kreuz und quer. Ehe die geschnittenen Würfel über den Rand des Schneidbretts purzelten, wurden sie mit dem Messer in eine Schüssel gestreift. Bald war aller Speck, auch das lockere Bauchnetz, geschnitten. Langsam kehrte Nachtruhe ein.

Am nächsten Tag füllte schwerer, bläulicher Schmalzdunst die Küchen. Die gusseisernen, schweren *Bräter* standen auf dem lodernden Herd, zu drei Vierteln gefüllt mit Speckwürfeln. Die *Dote* rührte tüchtig darin mit einem großen Rührlöffel. Der Speck sollte ja nicht unten am Boden anbraten. Nun goss sie einen großen *Schuck* Most hinein. »Des geit en gueta Gschmack«, erklärte sie. Allmählich sackte der Speck zusammen, das ausgelassene Schmalz erschien zwischen den weißen Würfeln, die immer kleiner wurden und langsam eine bräunliche Färbung annahmen. Das Rühren war jetzt nicht mehr so wichtig, aber umso mehr musste man jetzt aufpassen, dass die *Grieba* nicht zu dunkel wurden. Wenn sie eine gleichmäßig hellbraune Farbe angenommen hatten, hieß es: »Gang aus'm Weag!« Auf dem Boden stand ein großer Steinzeughafen, darauf ein Passiersieb. Dort hinein schüttete die *Dote* das Schmalz mit den Grieben. Der *Bräter* wurde sogleich wieder mit Speck gefüllt und auf den Herd gesetzt.

Das Schmalz war bald von den Grieben abgelaufen, aber diese waren noch zu fett. Sie wurden also in den *Ebiradrucker* (die Kartoffelpresse) geschaufelt und tüchtig ausgepresst. Man aß sie später, gewärmt und gesalzen, zum *Veschper.*

Es dauerte eine ganze Weile, bis das Schmalz in den großen Schmalzhäfen erstarrt war. Dann wurden die Häfen mit Pergamentpapier zugebunden und in den kühlen Keller geschafft. Von dort holten die Frauen immer wieder nach Bedarf ein *Schmalzhäfele* in ihre Küche zum sparsamen täglichen Verbrauch. Das Schmalz musste ein ganzes Jahr reichen, bis wieder *g'metzget* wurde. Aber einmal, zur *Fasnet,* ging es üppiger zu, wenn *Fasnetskiechla* gebacken wurden. Es war der einzige ehrbare Fasnetsbrauch für Erwachsene in dem an Ausschweifungen armen schwäbisch-pietistischen Unterland.

Indessen zog sich eine Tätigkeit im Anschluss an die Hausschlachtung noch hinaus: das Räuchern. Das Fleisch musste zuerst in der Salzlake gründlich und mehrere Tage lang durchziehen. Und außer dem Fleisch wurden auch Würste geräuchert. Die Stilz-*Ahne* hatte in ihrer Küche einen offenen Rauchfang. Dort im Kamin waren Haken eingemauert, an die das Rauchgut gehängt werden konnte. Dazu musste es aber erst mit einer Schlaufe aus einer starken Schnur versehen werden. Wenn nun das Fleisch gut *durchzoga* war, packte es die Mutter samt den Würsten in Körbe, und wir transportierten es auf dem *Wägele* zum Haus der *Ahne* am Brunnenplatz. Gewissenhaft hängte die *Ahne* den Räucherschatz so auf, dass er von allen Seiten vom aufsteigenden Rauch ihres Herds bestrichen werden konnte. Und solange die Fleischwaren in ihrem Rauchfang hingen, schürte sie ihr Feuer ausschließlich mit Weinreben, weil die einen besonders aromatischen Rauch entwickelten.

Wir waren nun wieder gut versorgt mit Fleisch, Wurst und Fett. Aber die Perspektive, dass es für ein ganzes Jahr reichen sollte, ließ uns sorgsam mit diesen Gaben umgehen.

Bild gegenüberliegende Seite: Schnait im Frühling. Blick vom Hohen Rain. Die Äcker im Talboden sind bestellt, die gehackten, warmen Rebhänge stehen kurz vor dem Austrieb.

Frühjahr

Richtig a'zoga, uf älle Fäll

Vieles hat sich in Bezug auf Kleidung, Wäsche und Wäschepflege in den vergangenen siebzig Jahren geändert. Was sich aber auf dem Land einmal eingebürgert und als praktisch erwiesen hat, wurde trotz wechselnder Moden lange Zeit beibehalten.

Zur Arbeitskleidung der Männer gehörten Hosen aus Kordsamt *(wellblechene Hosa)* oder aus einem derben Baumwollmaterial, die von Hosenträgern gehalten wurden. Dazu kam als Oberkleidung ein *Wemmesle* oder *Kittele* aus dunkelblauem Baumwollstoff für den Sommer oder die Übergangszeit, welches, solange man nicht schwitzte, über dem karierten Hemd getragen wurde. Das Hemd hatte *Preisla* an den Ärmeln, die nicht zu lang sein durften, damit sie der Arbeit nicht ins Gehege kamen, und es hatte nur ein Halsbündchen, keinen Kragen. Der *Schaffschurz* war um den Nacken festgehalten von einem blauen Webeband. Mit ebensolchen *Schaffschurzbändeln* wurde er seitlich straff um den Leib gebunden. Der *Schurz* war in einem Stück geschnitten und hatte manchmal vorn in der Mitte unter den verknoteten *Bändeln* eine große Tasche, in der etwa ein Messer, Bindematerial oder auch ein *Sacktuech* Platz fanden. Allerdings gebrauchte der *Ehle* noch kein Taschentuch: Er schnäuzte sich auf den Boden und wischte die Nase mit Daumen und Zeigefinger nach. Wenn er ein *Sacktuech* dabei hatte, konnte es mit Knoten an den vier Zipfeln als Sonnenschutz oder mit kreuzweise verknoteten Ecken als Tragesack dienen. Der *Schaffschurz* wurde manchmal von seinem Träger von unten her aufgerollt, und die Rolle wurde unter das Bindeband gesteckt, damit die Beine mehr Bewegungsfreiheit hatten. Die Füße steckten in Wollsocken, deren Fersen und Sohlen mit derbem Stoff unterlegt waren, damit sie sich im groben Schuhwerk nicht so schnell durchwetzten. Die Arbeitsstiefel waren aus Leder, die Sohlen genagelt.

Am Samstagabend wurden die Schuhe, auch die der Kinder, gewaschen. Am Sonntagmorgen vor dem Frühstück wurde kontrolliert, ob noch alle Nägel in allen Sohlen aller Stiefel drin waren. Die fehlenden wurden auf einem dreiarmig gewinkelten Eisenleisten, der in jeder Lage stehen konnte, wieder eingeschlagen. Die drei Arme des Leistens endeten in verschieden großen Modellfüßen, so dass auch Kinderschuhe darauf zu bearbeiten waren. Die *Schuenägel* hatten einen kurzen Stift und einen dicken Kopf, und wenn die Buben in der Schule am Geländer der langen Staffeln herabrutschten und die Schuhe über die Granitstufen schleifen ließen, dann schlug es Funken. Nach der

Bild gegenüberliegende Seite: Großvater im Sonntagsstaat zeigt seinen Enkeln zur Feier des Tages, was er ins Taschenbüchlein geschrieben hat.

Nagelkontrolle bestrich der Vater seine großen Stiefel mit *Schueschmiere,* die der Kleinen wurden gewichst mit *Schuewigse.*

Die Kopfbedeckung war in der kühleren Zeit die dunkelblaue *Schilderkappa.* Das konnte bei den älteren Erwachsenen, die noch die »gute alte Kaiserzeit« erlebt hatten, eine Prinz-Heinrich-Mütze mit umlaufender Kordel sein. (Bei den Jüngeren gemahnte sie an eine zeitgenössische, schmucklose Mode des Militärs.) Der Schild schützte die Augen vor der Sonne, die Kappe als Ganzes den kurz (beziehungsweise schütter) behaarten Schädel vor Kälte und Wind. Bei winterlichen Gängen in den Wald trug der Vater Ohrenschützer. Das waren doppelte, ovale Filzscheiben, mit Draht eingefasst. Sie hingen an einem Bügel, den man quer über dem Kopf unter der Kappe trug.

Im heißen Sommer trug der Vater einen Strohhut. Dieser Sonnenschutz war durchbrochen, also *lüftig* und sorgte damit für Abkühlung. Bei Arbeiten, die Hüten nicht zuträglich waren, genügte das vierzipflig verknotete Sacktuch.

Im Winter trug der Vater lange, baumwollene Unterhosen. Sie wurden über den Füßen sorgsam in die Socken gestopft. Anstelle des *bo:mwillena Kittele* trug er nun zur Arbeit im Freien ein gefüttertes *Wammes* aus Wollstoff. Zuhause, am Feierabend, zog er eine Strickjacke über das Hemd.

Sonntags- und Werktagskleidung wurden streng unterschieden. Dazwischen gab es aber auch noch die *bessere Hosa* und das *bessere Wammes,* das der Vater etwa zum Gang aufs Rathaus oder zum Orgelüben am Feierabend in der Kirche trug. Zum richtigen *Sonntighäs* gehörte der Anzug, vom Schneider gefertigt, mit Hose, Weste und Jacke, darunter ein weißes Hemd und ein weißer, gestärkter Umlegekragen. Dieser Kragen hatte, wie das Halsbündchen am Hemd, in der hinteren Mitte und an den beiden vorderen Enden je ein Knopfloch. Mit *Kragaknepfla,* die an einem Ende eine umlegbare Lasche hatten, wurden Kragen und Hemd verbunden. Dabei musste die Mutter das *Kragaknöpfle* im Nacken einfädeln und befestigen. Der beträchtliche Aufwand des separat aufzuknöpfenden Kragens rechtfertigte sich mit der Arbeitserleichterung beim Waschen und Bügeln eines kragenlosen Hemds. Überdies musste der Kragen gestärkt werden.

Unter dem Wams des Sonntagsanzugs trug der korrekt gekleidete Mann eine Weste. Ihr Rückenteil war aus leichtem, glänzendem Futterstoff, ihr präsentables Vorderteil hingegen aus demselben Stoff wie der Anzug. Darin eingearbeitet waren zwei Brusttaschen und ein *Uhrentäschle.* Die Taschenuhr hing an einer schmucken Kette, die mit einem Ring im mittleren Knopfloch eingehängt war und in dekorativem Schwung im *Uhrentä-*

Im Sonntighäs nach der Kirche: ein herzliches Stelldichein zweier älterer Leut', er mit Filzhut, sie mit feiertäglich unterm Kinn gebundenem Kopftuch.

schle verschwand. Wie wertvoll Kette und Uhr waren, interessierte uns Kinder nicht so sehr, wohl aber war immer wieder aufs Neue interessant, wie das Uhrwerk tickte und wie der Sekundenzeiger sich ruckweise drehte. Dazu musste man sich ans Knie des Uhrenbesitzers, vorzugsweise des *Ehle*, schmiegen. Man spürte dann seine Hände, die einem das Haar von den Ohren strichen, damit er die Uhr direkt ans Ohr halten konnte.

Die Sonntags-Kopfbedeckung war ein schwarzer Filzhut, der werktags im obersten Fach des väterlichen Kleiderschranks ruhte. Daneben wartete dort auch eine Kleiderbürste auf ihren sonntäglichen Einsatz. Ihre Rosshaarborsten zauberten auch die kleinsten Stäubchen und Flusen von Jacke, Hosen und Hut. Den Sonntagshut stellte der Hutmacher im Kostobel her (»Kostobel« bezeichnet eine Flur auf Schnaiter Gemarkung). Bei weitem nicht der Einzige seines Namens, war er mit seinem einzigartigen Beruf so angesehen im Flecken, dass sogar seine Söhne nur die *Huetmächerla* genannt wurden. Erst in der Schulzeit erfuhr man, dass ihr wahrer Familienname gar nicht so ungewöhnlich war.

Die Sonntagsstiefel des Vaters waren aus feinem Leder mit glatten Ledersohlen. Sie wurden jeweils in den ersten Tagen der Woche gewichst und dann in den Schuhschrank gestellt. Im Sommer war der Platz zum *Schue-*

wigsa auf der Veranda, bei Regen oder im Winter auf der *obera Schtiega.* Da wurden sie aufgereiht – die großen Sonntagsstiefel des Vaters, die großen Halbschuhe der Mutter, meine Spangenschuhe, die Stiefel der Buben, die *Stiefela* der Kleinen. Im *Schuhputzkischtle* lagen die Utensilien bereit für die Zeremonie des Schuheputzens: Die *A:reibbierschta* mit ihren derben pflanzlichen Borsten, das schwarze und braune *Wigseschächtele* mit der Schuhcreme, das *A'streichbierschtle* zum Einschmieren und die *Glanzbierschta* aus Rosshaar, zum Polieren der Schuhe. Wenn geschwisterliche Hilfe bei dieser Arbeit zur Verfügung stand, war sie nicht nur schneller erledigt, sondern auch vergnüglicher: Man erzählte sich Geschichten, sang und lachte.

Im Winter trug der Vater sonntags einen warmen »Überzieher« über dem Anzug. Werktags hingegen, zum Beispiel, um Erde zu tragen, genügte das gefütterte *Wammes* zum *Nauslaufa,* dann wurde dort so *gschafft,* dass der Vater *em Weismets,* also hemdsärmelig, noch schwitzte und deshalb die *Hemmedermel nufg'schtirmlet,* das heißt bis über die Ellbogen aufgerollt hat.

Die Kleidung eines *Wengerterweibs* in den frühen vierziger Jahren des 20. Jahrhunderts war nicht nur den Jahreszeiten angepasst, sondern auch vom Bezugsscheinamt bestimmt. Die Kleider wurden nicht einfach zugeteilt wie die Lebensmittel, es musste vielmehr ein Bezugsschein beantragt werden, der auch abgelehnt werden konnte. Wenn nämlich in dem betreffenden Jahr schon ein Winterkleid beantragt worden war, brauchte es einen besonderen Grund, etwa einen Trauerfall oder eine Schwangerschaft, damit man einen Bezugsschein bekam. So haben Frauen nicht nur aus Gründen der Sparsamkeit die alten Sachen getragen, bis es nicht mehr ging.

Im Winter trugen sie ein Hemd aus aufgerautem Baumwoll-Flanell mit Halbärmeln, das vorne einen »Schlitz« zum Knöpfen hatte, darüber ein *Leible.* Dazu kamen *Onderhosa* aus Trikot mit Beinlingen, die mindestens bis zur Mitte des Oberschenkels, oft auch bis ans Knie reichten. Über dem Hemd saß der Strumpfhaltergürtel eng an. Er wurde seitlich mit Haken und Ösen geschlossen. Unten waren vier breite Gummibänder angenäht. Diese konnten mittels Schnallen in der Länge verstellt werden. Die zumeist selbstgestrickten wollenen Strümpfe wurden am oberen Rand eingehängt und so festgehalten. Strumpfhaltergürtel wurden vorwiegend von den jüngeren Frauen getragen. Die älteren trugen Strumpfbänder, die manchmal von alten, ausgeleierten Eindünstringen aus rotem Gummi ersetzt wurden. Die Strumpfbänder hatten den Nachteil, dass sie, zu locker geknüpft, die Strümpfe rutschen ließen, bis sie in Falten um die Fußfesseln lagen. Dann

konnte eine kritische Beobachterin neckisch zurufen: »Zieg au d' Schtrempf nuf, 's regnet!« Waren aber die Strumpfbänder zu fest gebunden, so schnürten sie die Beine ein, behinderten die Blutzirkulation und begünstigten *Krampfôdera.*

In jener Zeit kamen auch die feinen »platinierten« Strümpfe auf. Die waren allerdings nur für Sonntags und hatten die Folge, dass man zwar schöne Beine hatte, sich aber den ganzen Tag über von unten her kalt fühlte.

Junge Mädchen trugen kurze Röcke, aber nicht so kurz wie in den siebziger Jahren, sie endeten etwa zehn Zentimeter über dem Knie. Damals kamen Winter-Damenstiefel auf, die fast bis ans Knie reichten. Als unsere Mutter Nachbars Hilda an einem kalten Wintertag in diesem Aufzug sah, rief sie aus: »Ach, des domme Mädle! So ka' mr sich älle megliche Onderleibskranketa holla! Mit deane leichte Schtrempf ond kurze Reck!« Das war aber zu unserer Warnung gesagt, für die Hilda war Mutter nicht verantwortlich.

Weartigskloider: Kopftuch im Nacken gebunden, gedeckte Bluse, karierter Rock, grobe Schuhe und Schaffschurz – so ging man aufs Feld.

Gegen die Kälte waren auch die Unterröcke gut, besonders die von der hoch renommierten Stuttgarter Firma Bleyle. Bleyle-Unterröcke hatten einen in der Taille leicht angekrausten Rock und ein anliegendes Oberteil mit angeschnittenen, breiten Trägern. Im Sommer wurde kein Unterrock getragen, aber das baumwollene, ärmellose Trikothemd wurde auch bei großer Hitze anbehalten, denn es sog den Schweiß auf und kühlte so bei jedem Luftzug.

Die Oberkleidung war im Winter aus Wollstoff, im Sommer aus geblümten, gestreiften oder gepunkteten Baumwollstoffen. Die Sonntagskleider wurden häufig mit weißen Stoff- oder Häkelkrägelchen herausgeputzt. Das Oberteil des Kleides lag am Körper lose an. Es galt als *o'a'schdendig,* wenn sich der weibliche Körper zu stark abzeichnete. Der angenähte Rock war in der Taille »gefasst«. Er war in der Regel weit genug, um eine Zeitlang eine Schwangerschaft zu kaschieren. Zudem konnte man sich ja, wie schon

Mäherin zwischen Kinderwagen und Grasfuhre, im Schweiß ihres Angesichts. Über dem Trägerschurz trägt sie einen Schaffschurz, daran hängt der Kompf.

angedeutet, finanziell nicht jedes Jahr neue Kleider leisten, besonders wenn heranwachsende Kinder schnell aus ihren Kleidern herauswuchsen. Das war schon vor der »Bezugsscheinzeit« so gewesen. So wurden alle Textilien sorgfältig geflickt oder auch umgeändert, wenn sich ein Schaden zeigte. Die Tugend des Flickens stand so auch im Mittelpunkt unseres Handarbeitsunterrichts.

Um die Kleider zu schonen, war der *Schurz* in allen seinen Varianten sehr wichtig. Es gab den *Ermelschurz,* den *Trägerschurz* und auch den *Halbschurz.* Der *Schurz* zum Schaffen, der *Weartigschurz,* war aus derbem Material, meist mit Trägern, die auf dem Rücken überkreuzt und in der Taille eingeknöpft wurden. Zwei zusätzliche, seitlich am *Schurz* angebrachte Bindebänder wurden auf dem Rücken in der Taille geknüpft. Wichtig waren zwei *Schurztascha,* beidseitig so angenäht, dass die Hände bei leicht angewinkelten Ellbogen schnell hineingreifen konnten, um das Taschentuch, einen *Bändel,* auch den Geldbeutel oder eine Münze zu erreichen. In den hochgerafften *Weartigsschurz* wurden auch Dinge wie Äpfel, Tomaten oder Eier gesammelt, ehe sie in einen Korb abgelegt werden konnten. Denn einen *Schurz* hatte man am Leib, immer aufnahmebereit. Den *Kloiderschurz* gab es mit oder ohne Ärmel. Im Sommer ersetzte er oft das Kleid. Der *Sonntigschurz* hingegen war aus feinerem Baumwollstoff, genäht wie der *Weartigschurz,* aber zur besonderen Zier manchmal mit Rüschen am Vorderlatz versehen, entlang den beiden Seiten bis zum Ansatz der Träger. Für besondere Festtage waren die weißen, oft bestickten Schürzen reserviert.

Hosen zu tragen, so praktisch wir das heute finden, galt in jenen Zeiten als absolut unpassend, weil unweiblich.

Schutz vor der Kälte boten über den Wollkleidern die Strick- oder Häkeljacken, zum Ausgehen auch eine gefütterte Tuchjacke. Unsere Mutter hatte einen schwarzen Mantel, gefüttert mit einem leichten Wollstoff. Den hatte sie sich selbst genäht. Sie hatte ja bei einer *Nähere* das Kleidernähen gelernt, und diese Kunst hat ihr viel Geld erspart und ihren Kindern auch in kargen Zeiten immer zu hübschen Kleidern verholfen, auch zum Neid der Altersgenossen.

Der Kopf wurde mit einem Kopftuch geschützt, das in jenen Jahren auch kunstvoll als »Turban« gebunden wurde. Große, breitrandige Hüte waren als Kopfputz und Sonnenschutz gedacht, sie boten keinen effektiven Schutz vor Kälte. Modische Damenhüte waren latent der Spottlust der Dorfbevölkerung ausgesetzt. Anders als beim flatternden, aber fest verknoteten Kopftuch, konnte sich der Wind unter der breiten Krempe des Huts verfangen und ihn davonblasen. Die Jagd nach dem Flugobjekt war ein notorisch amüsantes Schauspiel für andere Passanten, und nicht immer kehrte der Flüchtige unbeschadet auf den Kopf seiner Besitzerin zurück. Er wurde vorsorglich entweder mit einer Hutnadel im *Nescht,* dem Haarknoten, festgesteckt, oder mit einem Hutgummi im Nacken unter dem Haarknoten gesichert.

Zur Haartracht sei hier angemerkt: Die jungen Frauen ließen sich, als Zeichen des Erwachsenseins, die Haare schneiden und trugen sie schulterlang, auf dem Kopf mit Kämmen hochtoupiert. Nur sehr selbstbewusste junge Mädchen prunkten mit langen Haaren in verschiedenen Frisuren. Für die doch sehr in der Tradition verhafteten Landfrauen war es viel praktischer, »ordentlicher« und obendrein billiger, die Haare zu flechten und zum *Nescht* aufzustecken. So flogen sie nicht ins Gesicht und sahen auch nach der Arbeit noch passabel aus.

Hemmedla, Kittela und Hösla

»Renga, renga Rosa, Sauerkraut ond Schpeck, Bueba traget Hosa, Mädla traget Röck« – dieser alte Kinderreim ist nicht erst in jenen Tagen aufgekommen, er hatte aber noch seine unbestrittene Gültigkeit. Er deutet überdies an, dass einer erst dann ein *Bua* war, wenn er Hosen trug, das heißt, wenn er »stubenrein« war.

Die Bekleidung eines Kleinkinds (kurz *Kendle* genannt – die englische Bezeichnung »Baby« war zu jener Zeit verpönt wie alles, was an den »Feind« gemahnte) waren *Hemmedle, Kittele,* Windel und später *Strampelhösle.* Das *Hemmedle* war aus Batist und hatte ganz kurze, angeschnittene Ärmelchen. Am Halsausschnitt war eine Kordel eingezogen. Damit wurde das Hemdchen unter dem Kinn gebunden. Das *Kittele* war aus feinem Gestrick mit langen Ärmelchen. Es wurde, ebenfalls mit einer Kordel, im Nacken gebunden. Die Windeln waren aus *o'bloicht Tuech:* Nesselstoff, der meterweise gekauft, dann abgeschnitten und mit der Nähmaschine gesäumt wurde. Das Neugeborene wurde so in die Windel gewickelt, dass sie den ganzen kleinen Körper bis zu den Füßchen umhüllte. Doch wenn die Beinchen mehr Bewegungsfreiheit brauchten, wurden die unteren Zipfel der Windel zwischen den Beinchen durchgeführt, beidseitig am Körper festgestopft und zusätzlich mit dem darübergeschlagenen unteren Ende des Kittelchens festgehalten. Darüber kam dann die Strampelhose, die auf den Achseln geknöpft

wurde. Im Winter zog man dem *Kendle* zum Spazierengehen ein wollenes *Jäckle* an und setzte ihm, war es ein Mädchen, ein *Häuble* aus demselben Material auf. Buben bekamen eine Mütze, die oben von einem *Bobbel* (Pompon) gekrönt war. Da jedoch dieses *Käpple* bei lebhaften Buben leicht rutschte und daher die Ohren oft frei waren, bekamen auch Buben manchmal *Häuble* aufgesetzt.

Das Kleine wurde immer trockengelegt, sobald es sich nass gemacht hatte und schrie. *Hemmedla* und *Kittela* wurden täglich gewechselt. Deshalb wurde jeden zweiten Tag auf dem Küchenherd ein *Wäschle* gekocht und auf der Veranda zum Trocknen aufgehängt. Es durfte bei uns nicht vorkommen, dass Windeln einfach nur getrocknet wurden, ohne vorher gekocht oder gewaschen worden zu sein. Windelstoffe waren daher kochfest, und ein entsprechend großer Vorrat an Säuglingswäsche musste vorhanden sein.

Enkelschar vor ein Scheunentor platziert: Eindrucksvoll (außer den zwei wohl als peinlich empfundenen Heulern) sind Sonntagskleidung und Schuhsohlen.

Mädles- ond Buebakloider

Ich beginne zunächst aufzuführen, was Kinder damals im Krieg nicht oder kaum trugen. Um beim Kinderreim zu bleiben: Mädchen trugen keine Hosen außer den Unterhosen, den Schlüpfern oder – für den Sportunterricht oder zum Schlittenfahren – Trainingshosen. Buben trugen vor der Konfirmation nur kurze Hosen und lange Strümpfe. Heranwachsende bekamen keine Mäntel, außer den Pfarrers- oder Lehrerkindern oder denjenigen, die in die Stadt auf höhere Schulen gingen. Die mussten ja bei jedem Wetter mit der Eisenbahn fahren, und dazu wurde ein Mantel für notwendig befunden.

Bei uns gab es werktags keine Halbschuhe, geschweige denn Sandalen. Nur sonntags trugen die Mädchen Halbschuhe oder sogenannte Spangenschuhe, deren Spange über dem Rist oft sehr schwer zu knöpfen war. Man benutzte ein *Schuehäkle,* um das *Knöpfle* durch die Lederöse zu ziehen.

Zuhause trug man *Hausschlappa,* die dezent bunten *Selbend-Hausschua,* Filzschuhe, oder die selbstgemachten Hausschuhe aus *Welschkornfeadra* [siehe Seite 172]. Draußen trug man Stiefel oder lief barfuß, sobald es warm genug dazu war. Aber am Sonntag trug man, zumindest in der Kirche, *Söckla* und Schuhe, auch wenn die sommers an ihre Freiheit gewöhnten Füße nicht mehr recht hineinpassen wollten.

Was aber trugen die Heranwachsenden? Buben und Mädchen bekamen ärmellose Trikothemden, darauf ein aus Baumwollgarn gestricktes *Leible.* Dieses hatte an beiden Seiten je zwei Wäscheknöpfe angenäht zum Einhängen der Strumpfhalter. Die bestanden aus einem je etwa anderthalb Zentimeter breiten Gummiband, in das in gewissen Abständen Knopflöcher eingewoben waren. Am unteren Ende war eine Drahtlasche angenäht. Daran war an einem kurzen Bändchen ein Gummiknöpfchen befestigt, das unter den Strumpf geschoben werden konnte. Die Lasche musste nun über Strumpf und Gummiknöpfchen gezogen werden, dann saßen die Strümpfe gut und sicher. Mit dieser Strumpfhalter-Konstruktion trugen während der kalten Jahreszeit sowohl Mädchen als auch Buben ihre langen Strümpfe.

Die Strümpfe waren selbstgestrickt, und die *Ahne* und die großen Mädchen waren im Winter mit Strümpfestricken und -flicken beschäftigt. Zu flicken gab es in der Tat viel, und im Handarbeitsunterricht in der Schule lernten wir gründlich, die alten, zerrissenen Sachen herzurichten. Dabei ging es nicht nur darum, die Löcher zusammenzuziehen, sondern vielmehr darum, mit dem »Gitterstopfen« aus dem *Blätz* eine Zierde und mit dem »Maschenstich« einen Riss oder einen gezogenen Faden nahezu unsichtbar zu machen.

Die Unterhosen der Buben hatten, anders als die der Mädchen, ein *Hosadierle.* Über dem *Leible* trug der *Bua* ein buntes *Buebahemmed,* langärmlig, nach Art der Männerhemden genäht. Die Hosen wurden von Hosenträgern gehalten. Darüber zog der *Bua* einen wollenen *Zweter,* wenn er in die Schule oder zum Schlittenfahren ging. Der Ursprung dieses Kleidungsstücks und seines Namens im englischen »Sweater« blieb die ganzen Kriegsjahre hindurch verdrängt und vergessen. Im Sommer brauchte man weder das *Leible* für die langen Strümpfe noch den *Zweter,* da genügten kurze Hosen und kurzärmlige Hemden.

Die Mädchen trugen im Winter Kleider aus dunkelfarbigem Wollstoff, im Sommer aus hellen, freundlichen Baumwollstöffchen. Der *Schurz* war unerlässlich. Es gab den *Schulschurz,* der gleich nach der Schule gegen den *Hausschurz* ausgetauscht werden musste, und den *Sonntigschurz,* meist ein weißer *Voileschurz* oder auch aus Baumwollgewebe, mit Kreuzstichblumen bestickt. Der *Sonntigschurz* wurde vor dem Kirchgang abgelegt. Die Schürzen schützten die Kleinen bei der Arbeit, beim Spielen, beim Essen, so dass die Wollkleider nicht oft gewaschen, sondern nur ausgebürstet und gründlich ausgelüftet werden mussten. Die Schürzen hatten auch Taschen, die nicht nur Taschentücher, sondern auch allerlei anderen Krimskrams enthalten konnten, genauso wie die Hosentaschen der Buben. War ein Missgeschick passiert, etwa dass man in den Dreck gefallen war oder dass man Kaffee oder Suppe verschüttet hatte, so wurde kein großes Geschrei darum gemacht. Man warf den schmutzigen *Schurz* in den *Weschkorb* und bekam einen frischen. Nur am Freitag

Kinder samt jugendlicher Kindsmagd am Werktag. Der Wengertersbub in der Mitte trägt einen richtigen blauen Schaffschurz mit Bauchtasche.

konnte es heißen: »Sauber isch er jô nemme, aber hait ond morga tuet 'r's noh.«

Wir Mädchen hatten alle vier in der kalten Jahreszeit Strickkleider für den Sonntag. Die Schloss-*Ahne* hatte sie alle nach und nach mit großer Ausdauer gestrickt. Sie bekamen zusätzlich von der Mutter gehäkelte Krägelchen, welche die einfarbigen rostroten bzw. tomatenroten Kleider sehr sonntäglich aussehen ließen. Wir trugen sie jahrelang. Wenn sie zu kurz waren, wurde in der Taille ein Sattel und in die Ärmel ein entsprechendes Zwischenteil eingestrickt.

Als Kälteschutz hatten wir überdies von der Mutter gehäkelte *Jäckla,* die vorne geknöpft wurden. Zum *Jäckle* gehörte meist eine Kappe aus derselben Wolle. Diese Kopfbedeckungen wurden in verschiedenen Formen gearbeitet: Die Kleinen bekamen *Häubla,* die Größeren *Bobbeleskappa,* Tellermützen oder auch *Deifelskappa.* Die lagen eng am Kopf an und hatten seitlich lange Zipfel, die so schön die Ohren wärmten. Warum sie »Teufelskappen« hießen, konnte ich nicht nachvollziehen.

Eine Änderung in der Sonntagskleidung trat mit der Konfirmation ein. Zwar waren die Vierzehnjährigen zumeist noch nicht ausgewachsen, trotzdem bekam der Bub seinen schwarzen Konfirmandenanzug und das Mädchen ihr schwarzes Konfirmandenkleid. Schneider und Näherinnen waren in der Zeit nach Weihnachten sehr beschäftigt, die Konfirmandenanzüge und -kleider zuzurichten. Häufig wurden sie aus alten Kleidern auf die Größe der Konfirmanden umgemodelt, und das war oft eine anspruchsvollere Arbeit, als aus neuen Stoffen etwas zu schneidern.

Der Konfirmand bekam zum ersten Mal lange Hosen und ein dazu passendes Jackett. Eine Weste gab es damals nicht mehr, auch trug der Konfirmand keinen Hut. Eine weiße Nelke an das Revers der Jacke gesteckt, bezeichnete den Konfirmanden an seinem Festtag.

Die Konfirmandin trug ihr schwarzes Kleid, dessen Stoff meist aus selten getra-

Konfirmandinnen (1950) – Die »Sambaschuhe« weisen über die vierziger Jahre hinaus, doch im Übrigen ist die Konfirmationskleidung durchaus traditionell.

genen und lange geschonten Kleidungsstücken von Mutter, Tante oder Großmutter herstammte. Ein kleines, helles Krägelchen putzte sie freundlich heraus, und die weiße Nelke zierte auch sie an ihrem Festtag.

Aber die meisten Konfirmierten zogen ihre Konfirmandenkleider nur dreimal an: zur Konfirmation, zum Abendmahls-Sonntag und zum Karfreitag. Bis zum Totensonntag im November, wenn man wieder in Schwarz gehen sollte, waren viele der aufwendig geschneiderten Konfirmandenkleider ihren stolzen, schon allzu früh als »erwachsen« angesehenen Besitzern bereits zu klein.

Ond jetzt naus en d' Wengert

An schneefreien Tagen im Spätwinter mussten die *Wengerter Erda tra:*. Starke Regen im Sommer hatten den frei von Unkraut gehaltenen Boden zu Tal gespült. Inzwischen wächst ja in den »Gassen« zwischen den Reben Gras, das die Erde festhält. Aber für den Vater war Gras im *Wengert* ein Unding: eine Sache, die nicht sein durfte. Also musste im Sommer mehrmals »gefelgt« werden. Die so aufgelockerte Bodenkrume wurde umso leichter bergab geschwemmt, so dass sie im Winter wieder hinaufgetragen werden musste. Das war eine richtige Männerarbeit, bei der man mit dem Pickel ein *Erdaloch* quer über den Weinberg aushob, die Erde in Butten schaufelte, die Schultern und den Rücken mit einem hirschledernen *Lender* gegen blaue Flecken schützte und dann die schweren »Erdenbutten« an ihren geflochtenen Weidenträgern auf den Rücken nahm und die steilen Furchen hinauftrug, um sie auf den »Häuptern« auszuschütten. Hinter den solchermaßen in regelmäßigen Abständen geschaffenen Erdwällen hielten quer verlaufende Rinnen bei Hochwasser die Erosion auf. Überdies versorgte das »Erdentragen« den Weinberg an der Oberfläche umschichtig mit neuen Mineralien aus der Tiefe. Ein *Erdaloch* konnte allmählich im Lauf der Jahre über den ganzen *Wengert* hinaufwandern. Bei der mühseligen Arbeit kam man jedenfalls auch an winterlichen Tagen ins Schwitzen.

Von Februar an, längst vor dem kalendarischen Frühlingsanfang, wurden im *Wengert* auch schon die Reben geschnitten. Umsichtig hantierten dabei die Erwachsenen mit der Rebschere. Die *Reabschteckla,* die abgeschnitten waren, lagen auf dem Boden und wurden anschließend zusammengelesen. Um

Ein Erdaloch ist ausgehoben. Der mineralreiche Untergrund wird im angeweidneten Butten auf dem Lender die Weinbergstaffeln hochgetragen.

den Rebschnitt zu *Krähla* zusammenzubinden, brauchte man die im Winter vorbereiteten *Reabaweida,* die der Vater *Säla* genannt hatte. Anschließend wurden die *Krähla* an die *Wengertfurch* zwischen den Parzellen getragen, die sich in steilen Lagen als *Stäffela* der Topographie anpasste. In der Furch ging es zum nächsten *Wengertweg,* der, grob mit Steinen befestigt, am Hang entlangführte und so die zumeist schmalen Weinbergparzellen für robuste Fuhrwerke erschloss. Die *Krähla* wurden auf der Wegmauer aufgestapelt, bis sie auf dem von Hand gezogenen mittelgroßen *Handwägele* oder gar von dem großen, mit Kühen bespannten Leiterwagen abtransportiert wurden.

Hierzu ein Ereignis besonderer Art, das noch in der Zeit vor dem Krieg stattgefunden

Beim sogenannten Rigolen wurde im Winter tiefgründig der gefrorene Boden umgestochen. Wachstum und Ertrag der neu auszulegenden Reben lohnten den Schweiß.

hat: Vaters Patentante, die *Dota Paulena* hatte den Martin und mich, damals etwa neun und zehn Jahre alt, gebeten, dass wir ihr helfen sollten, ihre *Krähla* im »Sandmorgen« zu holen. Wir zogen also das *Handwägele* den Berg hoch, luden mit ihr die *Krähla* auf und fuhren wieder zu Tal. Wir mussten uns zum einen gegen den »Trieb« der Schwerkraft stemmen, obwohl die *Dota Paulena fescht g'miggat* hat. Gleichzeitig mussten wir aber auch *guet loita,* damit man auf dem schmalen und steinigen Weg nicht gegen eine Begrenzungsmauer fuhr. Aber wir kamen unbeschadet im Dorf an und halfen der *Dota Paulena*, die *Krähla* abzuladen. Dann gab sie mir Geld: »Gôhscht zom Becka-Deiß ond holscht a klei's Loible«, beauftragte sie mich. Ein kleines *Loible* ist etwa zu vergleichen mit einem heutigen

Baguette, nur war es kürzer und breiter: ein Pfund schwer, knusprig außen und innen flaumig. Wir setzten uns auf ihre Bank hinter den Tisch, und die *Dota Paulena* holte *Stachelbeerg'sälz,* Messer, Gläser mit Saft und das *Loible.* Es wurde aufgeschnitten und mit *Stachelbeerg'sälz* bestrichen. Noch nie hatten wir auf Weißbrot auch noch *G'sälz* bekommen, und das so dick! Mit großer Lust aßen wir, und mit ebenso großer Lust versorgte uns die *Dota Paulena* mit immer neuen Stücken Weißbrot und *G'sälz.* Aber schließlich waren unsere Mägen voll, und von dem *Loible* war nur noch ein kleines *Riebele* übrig. Voller Freude erzählte die *Dota Paulena* den Eltern, wie gut es uns geschmeckt hatte. Aber offensichtlich verstand der Vater alles falsch. So rügte er uns schroff wegen der Unbescheidenheit und Gier, die wir bei seiner Patentante an den Tag gelegt hatten.

En Haufa Holz

Die Waldarbeiter hatten den Winter über die vom Förster bezeichneten Bäume gefällt und aufbereitet. Große, dicke und gesunde, lange Stämme warteten nun entlang der Waldwege auf ihre Abfuhr als Bauholz. Daneben lagerten mehr oder weniger breite *Holzbeiga* von Brennholz. Die *Scheiter* waren auf einen Meter Länge zugeschnitten und einen Meter hoch gestapelt. Sie waren links und rechts mit eingeschlagenen Pfosten gesichert, so dass die *Beiga* nicht einrutschen konnte. Jede *Beiga* war mit einer Nummer versehen, mit dem Brandeisen mehrfach eingebrannt oder mit roter Farbe aufgemalt. Es waren *tannene* und *biechene* Stapel, die auch preislich entsprechend des unterschiedlichen Heizwerts des Tannen- und Buchenholzes differierten.

Am Weg und im Wald standen auch Pfosten, von denen oben die halbe Rundung abgesägt war. In das helle Kernholz war jeweils eine Nummer eingebrannt. Die Pfosten grenzten einen »Holzplatz« ab, ein Flächenlos. Auf der abgegrenzten Waldfläche lagen dünnere und dickere Stangen, Äste und Zweige verschiedener Hölzer wirr durcheinander. Potentielle Käufer taten gut daran, sich erst einmal umzuschauen, ob ein solcher Holzplatz auch für sie ergiebig war, das heißt, ob sich die benötigten Stangen für *Schtirza* (Baumstützen) und *Baunaschtecka* (Bohnenstangen) sowie genügend Reisig herausholen ließen.

So ging der Vater im zeitigen Frühjahr zum Holzverkauf. Der Termin wurde zuvor

*⁓ **Waldarbeit: Schon im Winter waren bei der Holzabfuhr auch schwere Baumstämme mit Schlitten zu den Wegen gezogen worden.***

in einer Zeitung angekündigt und durch die Ortslautsprecher bestätigt und fand prinzipiell in einer Gastwirtschaft statt. Die Flächenlose und die Holzstöße wurden meistbietend versteigert, aber nicht selten hatten sich verträgliche Interessenten auch schon vorweg abgesprochen. So kamen sie oft preisgünstig und ohne langes Hin und Her zu *ihrem Sach*. Außenseiter, die den Preis gegen alle Absprachen in die Höhe trieben, wurden angefeindet. Wurde andererseits der Mindestpreis nicht erreicht, konnte der Auktionator das Angebot zurückziehen und erneut beim Holzverkauf in der Nachbargemeinde anbieten.

In den Wochen nach dem Holzverkauf ging der Vater immer wieder in den Wald zum *Holzufmacha*. Ausgestattet mit *Pfôhlhôpa*, Beil, Handsäge und *Veschper* ging er am frühen Morgen los. Der Weg in den staatlichen »Täleswald« war weit: Die Schnaiter *Wengerter* hatten ihren Gemeindewald schon seit Generationen verheizt und in Weinberge und Ackerflächen verwandelt. Den ganzen Tag arbeitete der Vater auf »seinem« Flächenlos im fernen Wald, entastete Stangen, zerkleinerte Reisig und band es mit Weiden zu *Kräha* zusammen, sägte wohl auch mal mit seiner Handsäge ein dürres Bäumchen ab und schleppte alles an den Waldweg, von wo es leicht abgefahren werden konnte.

Eines Abends verkündigte er (es muss wohl in den Osterferien gewesen sein): »Morga fahre mr ens Holz.« Ich war elektrisiert.

In der Nacht schlief ich nicht gut, aber gegen Morgen musste mein Schlaf tiefer geworden sein. Plötzlich schrak ich auf von einem Geräusch im Haus. Schlaftrunken taumelte ich aus dem Bett und die Treppe hinunter, die Augen noch halb blind. Die Eltern saßen schon beim Frühstück. Ich zog mich eilig an, wusch mich und gesellte mich zu den Eltern. Der Martin war auch schon da. Nach dem Morgengebet richtete uns die Mutter das *Veschper* und packte es in eine *Kirschagrätta,* während der Vater und der Christianvetter die Kühe vor den Leiterwagen schirrten. Wir durften uns auf den leeren Wagen setzen, mussten aber die Füße auf dem Bodenbrett des Wagens halten, während der Christianvetter die seinen herunterhängen ließ. Der Vater ging zu Fuß neben den Kühen her. Er war immer auf Sicherheit bedacht. So ging es hinaus aus dem Hof, durch das Dorf, auf das gewalzte *Schottersträßle* nach Baach. Es war ein frischer, sonniger Morgen. Die Meisen lockten in den Bäumen entlang der engen Straße, über den Feldern trillerten die Lerchen, und auf den höchsten Wipfeln jubilierten die Amseln. Im Wald fielen schräge Sonnenbahnen zwischen den Stämmen auf den grün schimmernden Boden. Dort versteckte die Haselwurz ihre unscheinbaren Blüten mit ihrem dunkelroten Innern unter den sattgrünen, nierenförmigen Blättern. Da zeigte das saftige Bett des Sauerklees zwischen den hellgrünen Blättchen weiße Blüten, während die Anemone erst ihre zipfeligen Blätter hervorgetrieben hatte. Hier war sogar schon ein Büschel blauer Leberblümchen erblüht und wurde von Hummeln besucht. Auf dem noch taufeuchten Weg krochen lange, ziegelrote Nacktschnecken. Sie waren im Wald viel heller als im Garten.

Wir waren am Holzplatz angekommen. Die Kühe wurden vom Wagen abgespannt und an einen Pfosten gebunden. Der Wagen wurde gewendet, solange er noch leer war. Die Kühe holten mit langer Zunge ein wenig vom frischen Waldgras, aber es schien ihnen nicht recht zu schmecken. So standen sie und käuten wieder.

Die Männer luden die dickeren, langen Stangen (die *Stirza*) unten in den Wagen, darauf wurden die *Kräha* gelegt. Die ganze Ladung musste gut verstaut und gesichert werden, denn die Waldwege waren ausgewaschen und holprig.

Die Forstverwaltung hatte eine Frist gesetzt, bis zu der das lose Holz von den Waldflächen abgeräumt sein sollte. Aber auch das zu Raummetern gestapelte Brennholz musste bis dahin abtransportiert sein. Sowohl der Waldboden mit seiner frühen Flora als auch die Tiere des Waldes sollten danach wieder ihre Ruhe haben. An den Ästen der Bäume zeigten sich schon kleine, zarte Knospen und Blättlein. Wenn die fertig entfaltet waren, ließen sie kaum mehr Licht auf den Boden dringen. Bis dahin mussten die Bodenpflanzen ihre Samen zur Reife bringen und ihr Überleben sichern.

Es war Nachmittag, als wir mit unserer Fuhre zu Hause waren. Nach einem späten Mittagessen wurde abgeladen. Die *Kräha* fanden ihren vorläufigen Platz im oberen Teil der Hofeinfahrt, die *Schtirza* wurden seitlich von der *Schuira* gestapelt, die *Baunaschtecka* neben der Veranda unter dem Fenster des Christianvetters aufgestellt.

Bald darauf wurde auch das Brennholz geholt. Nun wartete um das Haus eine Menge Arbeit, und in der nächsten Zeit gab es keine freie Minute, die nicht fürs *Holzufmacha* oder *Holznuftra:* genutzt wurde. Zur Aufbereitung des Reisigs hatte man einen sechzig bis siebzig Zentimeter hohen, standfesten Holzklotz (der im Lauf der Zeit freilich niedriger wurde) und eine *Pfôhlhôpa*. Dann wurde an einer großen *Krähe* die Weide gelöst, so dass die einzelnen langen Zweige abgenommen werden konnten. Die linke Hand hielt nun so einen Zweig auf den Spaltblock, die rechte hackte ihn mit der *Pfôhlhôpa* in etwa 40 cm lange Stücke, die, zusammengefasst, auf eine Weide gelegt und, wenn es genügend viele waren, in der Mitte zusammengebunden wurden zu einem handlichen *Krähle*. Größere Äste wurden mit dem Beil zu kurzen *Prügela* zerhackt.

Das Meterholz wurde vom Vater mit der Handsäge auf dem *Seagbock* in etwa 25 cm lange *Rugel* zersägt. Den Sägebock hatte man aus vier kräftigen Latten zusammengefügt. Seine Vorder- und Hinterbeine bestanden aus je zwei Latten, die sich auf Hüfthöhe beweglich überkreuzten. Dazwischen waren als »Rücken« des Bocks ein Rundholz von einem guten halben Meter Länge und als Verbindung je eines Vorder- und Hinterbeins zwei ebenso lange Stege eingefügt. Zum Gebrauch wurden die linken und rechten Beine so weit auseinandergespreizt, dass der Bock breit und sicher stand. Starke Schnüre verhinderten, dass sich seitlich die Füße des Sägbocks allzu weit auseinander spreizten. Auf seinen Schultern aus den überstehenden Latten bildeten sich zwei Halterungen für einen dicken Ast oder einen Baumstamm. Da-

***Pfôhlhôpa:* Der Umgang mit dem Hackwerkzeug für Reisig und dünne Äste war weitgehend die Sache von Frauen und heranwachsenden Kindern.**

von konnte nun *Rugel* um *Rugel* über dem Rücken des Bocks mit der Handsäge abgesägt werden.

Diese mühsame und langwierige, aber relativ sichere Ein-Mann-Arbeit wurde später, in einem Bruchteil der Zeit, von einer ganzen Gruppe von Leuten mit Hilfe einer mobilen Bandsäge erledigt. Von einem Einzylinder-Dieselmotor angetrieben, machte sie schon bei der Anfahrt einen Heidenkrach. Im Hof angekommen, wurde die Maschine arretiert und mit Holzklötzen gesichert, damit sie während des Sägens nicht weglaufen konnte. Mit einem großen Hebel stellte der Säger die Antriebskraft von den Rädern auf die Bandsäge um, die nun sausend und heulend zu laufen begann. Mindestens drei Personen brauchte man zur Bedienung. Eine oder zwei Personen trugen die meterlangen Holzscheite heran und legten sie mit einem Ende auf den metallenen Sägetisch. Der Säger, meist der Eigentümer der Maschine selbst, drückte die Stämme und Scheite gegen das oft nur dürftig geschützte Sägeband. Bei zu großem Druck konnte es von seinem oberen oder unteren Schwungrad springen; bei einem Bandriss drohte es, mit unberechenbarer Wut nach Belieben den Umstehenden das Gesicht oder die Hände zu zerschneiden. Entsprechend umsichtig erfasste daher eine dritte Person die 25 bis 30 cm langen Klötze auf dem Sägetisch und warf sie mit Schwung zur Seite auf den höher werdenden Haufen von *Holzrugeln*. Dicke Handschuhe waren das Mindeste, was man bei dieser riskanten Arbeit brauchte, und die Säger, mit ihren angespannten Nerven und ihrer nicht selten reduzierten Zahl von Fingern, flößten uns großen Respekt vor ihrem Beruf ein. Doch vom Anfang bis zum Schluss war es faszinierend, Zeuge zu sein, wie sich immer wieder das gezackte Stahlblech mit ohrenbetäubendem Kreischen durch das Holz fraß, bis der Klotz abgetrennt war. Dann war für einige Sekunden nur das trotzige, halb erstickte Tuckern des Motors zu hören, der sich allmählich von der Anstrengung erholte und seine Umdrehungen wieder beschleunigte. Unter der Säge sammelte sich das herabrieselnde Sägemehl, Holzstaub schwebte in der Luft und reizte zum Niesen. Jacken, Haare, Mützen, ja selbst die Augenbrauen und die Oberlippenbärtchen der Beteiligten schienen verzuckert. Und nach kurzer Zeit waren alle Stämme kleingesägt. Der Säger stellte seinen großen Hebel wieder um, bekam etwas zu trinken und empfing seinen Lohn, bevor er eilends fortratterte zum nächsten Holzstoß an der Straße.

Nun ging's ans Holzspalten. Die weniger umfangreichen Klötze wurden mit dem Beil auf der kniehohen Fläche des massiven Wurzelstocks zerhackt. Die umfangreicheren verlangten die Axt, welche mit beiden Händen geschwungen wurde. Die auf den Boden

Kräftigere Äste und Zweige vom Wald sowie von den Obstgrundstücken zerhackte man im Hof oder vor dem Haus zu Prügela.

gefallenen *Scheitla* wurden, wenn sie noch zu dick waren, wieder auf den Spaltblock gehoben und nochmals gespalten. Manchmal schlug der Vater das Beil oder die Axt kräftig in den *Rugel* ein, drehte dann in hohem Schwung die beiden Kontrahenten um und hieb sie kopfüber, den Rücken des glitzernden Schlagwerkzeugs voraus, auf den Spaltblock. Durch sein eigenes Gewicht trieb sich so der zu spaltende *Rugel* immer tiefer in die Schneide, bis er auseinanderfiel. Das war eindrucksvoll und lehrreich.

Ein geschickter Holzspalter, der auch im Taglohn Anstellung finden konnte, musste haushalten mit seinen Kräften. Die Dauerleistung der Muskeln in Armen, Rücken und

Bandsäger fuhren von Haus zu Haus und sägten mit ihrem dieselbetriebenen Ungeheuer die Scheiter und Stämme aus Wald und Flur zu spaltbaren Rugeln.

Beinen verlangte nach einer Zulage beim *Veschper.* Doch immerhin war der Erfolg der Arbeit deutlich zu ermessen an der Höhe des gespaltenen Holzhaufens. Am Abend nach dem Holzspalten war man »rechtschaffen« müde. Holz, so pflegte man zu sagen, gab dreimal warm: beim Sägen, beim Spalten und beim Heizen. Sport lag, zumindest nach solchen Tagen, der Landbevölkerung fern. Nur wenige Dörfer hatten bis zu dieser Zeit einen Sportplatz.

Wenn das Holz gespalten und ein wenig abgetrocknet war, kamen wir Kinder an die Reihe: Das Holz war in die *Zorna,* die zweihenkligen Weidenkörbe, zu laden und auf die *Holzbehne* auf dem Dachboden zu schaffen. Die Eltern gingen an trockenen Tagen in den *Wengert* oder auf den Acker zum Hacken, und wir Kinder bekamen den Auftrag zum *Holznuftra:* Das war mühselig und langweilig für uns. Die fünf Treppen waren steil und zogen sich unabsehbar vor uns hin. Der volle

Eine sichere Hand, ein gutes Beil, eine lange Axt und ein fester Spaltblock gehören zum Holzspalten.

Holzkorb verdeckte ihre Stufen. Auch wenn man sie schon oft – ungeduldig gezählt, zehnmal zehn nach einer Stunde – treppauf, treppab bewältigt hatte, zeigte sich im Holzhaufen unter dem Nussbaum noch kaum eine Lücke. Dabei hatte man *nufzues* schwer, *nazues* immerhin lästig an der zweihenkligen *Zorna* getragen. Sie durchs Giebelfenster hinunterzuwerfen, wie wir es gerne getan hätten, war streng verboten, denn die Weidenkörbe hätten das nicht lange ausgehalten. Auch andere Experimente, etwa mit Brettern und Handwägelchen die Stiegen befahrbar zu machen, scheiterten schon im Ansatz.

Da war es doch beim Stilz-*Ehle* leichter, oder auch bei einem unserer kinderärmeren Nachbarn. Dort wurde das Brennholz Korb um Korb mit dem *Lottersoil* zum *Behnelada* hochgezogen und dort von einem Erwachsenen sorgsam ausgeklinkt und geborgen. Da bekam die inbrünstig gesungene Wendung im Kindergartenlied vom Dank an den »guten Vater droben« einen sehnsuchtsvollen Sinn. In einer solchen besseren Welt musste man nur noch die *Holzscheitla* schön in die *Zorna* schichten, in einem Stapel, der vom einen zum anderen Henkel verlief. Dann zog man die Schlaufe eines Stricks, der an einem Henkel verknotet war, über die quer liegenden Scheite, schleifte ihn unter dem anderen Henkel durch und trug das Ganze zum Seil. Dort hängte man es in den Lotterhaken ein und zog Hand über Hand am umlaufenden Seil, das oben vor dem Dachladen

Mit dem Lottersoil wird das gespaltene Holz in Körben auf die Behne unters Dach gezogen. Ufbeigt trocknet es dort bis zum nächsten Winter.

über das Lotterrad lief. Der Korb hob sich. Oben schaute der *Ehle* freundlich aus dem *Behnelada* und nahm den Korb in Empfang. Auf seinen Befehl »Henk!« übergab man ihm die Verantwortung, verminderte den Zug am Seil, so dass der *Ehle* den Korb nach innen durch den Laden ziehen konnte. Dort löste er ihn vom Haken, leerte ihn und hängte ihn wieder ein, um ihn nach unten zu lassen. Inzwischen stand da der nächste volle Holzkorb schon bereit, um nach oben befördert zu werden. Wenn die Großeltern uns anforderten, beim *Holznufziah* zu helfen, kamen wir allemal gerne. Aber diese Art des Holztransports ließ sich leider nicht ohne weiteres auf unser Haus in der *Heetza* übertragen. Das *Schulzehaus* war ja ursprünglich für »bessere Leute« gebaut und nicht als landwirtschaftliches Gebäude konzipiert worden. Deshalb fehlten hier die nützlichen Einrichtungen eines Dachladens, eines Lotterrads und eines Lotterseils.

Doch wie auch immer, auch im Schulzenhaus kam das Brennholz (wenn auch nicht ganz ohne die aktive Mithilfe der Mutter) schließlich auf die *Behne.* Dort lag es zunächst auf einem großen Haufen, bis an einem schönen Regentag der Vater Zeit hatte, die *Scheitla* sauber und kunstvoll *aufzubeiga.* Die Arbeit musste mit Bedacht so ausgeführt werden, dass das fertige Bauwerk mit seinen aus Holzscheiten aufeinandergeschichteten Wänden ganz leicht nach oben von den Durchgängen zurückwich. Während der Heizperiode wurden die Holzstapel mit entsprechender Vorsicht sukzessive wieder abgebaut.

Hacka, Pfähla, Benda

Im März, wenn der Boden im *Wengert* abgetrocknet war, kam der *Hacket.* Mit dem zweizinkigen *Karscht* wurden die Weinberge umgehackt. Das war eine schwere Arbeit, denn vom Schneiden und Rebenlesen war der Boden festgetreten. Dazu schien die Sonne oft schon recht warm auf die Rebenhänge herab. Die Reben »weinten«, wenn der Saft stieg, und oft musste man schon gut aufpassen, dass man nicht an die wachsenden, im April dick anschwellenden »Augen« stieß, sie abstreifte und damit die Hoffnung auf Trauben verminderte.

Wenn ein Stück gehackt war, wurden die *Schräga* aus gestapelten Pfählen umgekippt. Hatten sie sich bisher dem Gefälle des Berges angeschmiegt und sozusagen ins Tal geschaut, so standen sie jetzt in steilem Winkel und wiesen hoch in den Himmel über dem Berg. Auf diese Weise sah man schon von weitem, wo schon gehackt war. Und zu keiner Jahreszeit, so mochte es uns erscheinen, war der konkurrierende Eifer der *Wengerter* im Dorf so unerbittlich wie im *Hacket,* der alljährlich nach den Wintermonaten in den ersten warmen Frühlingstagen plötzlich »ausbrach« wie eine Epidemie.

Man erzählt sich, dass sogar der Schnaiter Kirchturm seine bescheidene, *g'schtompete* Höhe dem *Hacket* zu verdanken habe. Als nämlich im Frühjahr die Tage länger und wärmer wurden, so dass der Saft in den Reben

Nach dem Rebschnitt brach der Hacket aus. Bei der gründlichen Auflockerung des Weinbergbodens mit dem zweizinkigen Karst wurden auch die »Schrägen« gekippt.

Pfählen: Vor dem Austrieb der Reben bekam jeder Rebschenkel seinen Pfahl. Der wurde mit dem Pfahleisen am Schuh in den Boden getrieben.

stieg, da habe man auf das bis dahin aufgeführte Gebäude einfach ein Walmdach draufgesetzt, um alle Kräfte fürs Hacken frei zu haben.

Aufs Hacken folgte das »Pfählen«. An jedem Weinstock waren drei Rebschenkel stehen gelassen worden, und jede der drei Reben bekam ihren Pfahl. Dabei bildeten sich Reihen, die im Großen und Ganzen höhengleich verliefen. Der Vater hatte an die Innenseite seines rechten Fußes das *Pfôhleisa* geschnallt, ein in zwei rechten Winkeln gebogener Eisenhaken, mit dem sich ein Pfahl fassen, verkantet festhalten und mit einem kräftigen Tritt in die Erde treiben ließ. Die Buben (oder auch die Frauen) nahmen die Pfähle von den aufgekippten »Schrägen« und reichten sie dem Vater hin. Dieser steckte einen nach dem anderen im richtigen Abstand vom Rebschenkel in den Boden und verankerte ihn fest und senkrecht mit einem kräftigen Tritt des eisenbewehrten Beins. Die genaue Platzierung des Pfahls und die körperliche Balance des Pfählers bei der Arbeit mit dem Pfahleisen verlangten hohe Konzentration. Bei der Hilfstätigkeit des *A'nehaltens* am steilen Hang zwischen den Pfählen, dem Pfahleisen und den Fußangeln der Rebschenkel befand man sich deshalb nicht selten in einer reichlich angespannten Lage.

Die Reben wurden dann bei der Arbeit des »Bindens« mit den in den Wintertagen geschlitzten Weidenbändern an den Pfählen befestigt. Um die Bänder geschmeidig zu machen, waren die *Onterschtaißer* einige Zeit vor ihrer Verwendung in der Waschküche ins Wasser gelegt worden. Zum *Benda* wurden sie mit einem Ledergurt, der *Heftgurtla,* um den Leib gebunden. Ein Band um das andere wurde herausgezogen, die Rebe mit einem *Drôhdel* befestigt, einer raffinierten Drehung des Bandes, die dank der Eigenspannung der Weide an einer Kante des Pfahls federnden Halt gab. Das überstehende Ende des Bands wurde mit dem gekrümmten Winzermesser, der *Hôpa,* abgeschnitten. Diese Arbeit wurde von Männern, Frauen und heranwachsenden Kindern ausgeführt.

Beim Benda wurden die Ruten des Rebstocks mit Weidenbändern an den Pfählen befestigt. Elastische Drohdel sicherten die kostbare Last der Trauben.

Wiesa, Äcker ond Gärta

Auch auf den Wiesen gab es im Frühjahr Arbeiten zu verrichten. Irgendwann, als die *Mischte* voll war, hatte man den duftenden Dünger mit dem Kuhfuhrwerk auf die Wiesen geführt, seltener auch mit dem Schlitten, wenn genügend Schnee lag. War aber der Schnee weg, ging es ans *Mischtbroita.* Mit der vierzinkigen Mistgabel wurde der Dünger gleichmäßig auf dem Grasboden verstreut. Nun konnte der Regen die löslichen Bestandteile auswaschen. Aber es waren immer noch größere Klumpen Mist zu finden. Die wurden dann bei trockenem Wetter mit dem Rechen zerrieben.

Bei dieser Arbeit half uns oft die rührige Schloss-*Ahne*. Die Tage waren noch zu kurz, als dass man eine Vesperpause hätte einlegen können. Aber die *Ahne* hatte tiefe Rocksäcke, gefüllt mit *Schnitz ond Zwetschga.* Von Zeit zu Zeit bot sie den hungrigen und durstigen Mitarbeitern einige von den getrockneten Zwetschgen oder Äpfel- und Birnenschnitzen an, so wie sie auch allzeit die aufnahmebereiten Sinne ihrer Enkel mit Geschichten und Gedichten gelabt hat. Ein Trick dabei war ihr wohl selbst kaum bewusst: Es gab kein Trödeln und Zurückbleiben bei der Arbeit, wenn man in den vollen Genuss des leiblichen und geistigen Angebots kommen wollte.

Ehe das Gras höher wurde und die ersten Schlüsselblumen blühten, musste man das ausgewaschene Stroh *a:rechna.* Es wurde in Grastücher verpackt, auf dem Kopf oder auf dem Handwagen wieder nach Hause gebracht und im Stall erneut als Einstreu verwendet. In dem sprießenden Gras fanden wir auch Sauerampfer, junge, zarte Blättchen. Man warnte uns allerdings, es könnte Kunstdünger gestreut worden sein, der sei giftig. So aßen wir zur Sicherheit bloß von den Wiesen, wo Mist gestreut worden war.

Auf den Äckern, beim Säen des Getreides, hatten die Kinder nicht sehr viel zu tun. Die Vorbereitungen für die Saat wurden bis in die erste Nachkriegszeit von Hand geleistet. *Schora* im Spätwinter, dann die umgegrabenen und nochmals überfrorenen Schollen eben ziehen, so dass sie zu einer leichten Krume zerfielen, das war zumeist Vaters Arbeit. Dann band er sich an einem warmen Frühlingstag ein Grastuch so um, dass es einen Sack bildete. In diesen Sack wurde das Saatgut geschüttet: Dinkel, Weizen, Gerste oder Roggen. Dann schritt der Vater als Sämann über das geebnete Ackerfeld und streute in weitem Schwung das Korn aus, in biblischer Manier: »Bemesst den Schritt, bemesst den Schwung …« Mir war es immer zum Staunen, wie er die Körner so regelmäßig auf die Erde brachte, dass daraus ein Kornfeld erwuchs, dicht und doch nicht zu dicht. Mit der Haue wurden die Körner abschließend mit Erde bedeckt.

Im Laufe der Zeit sprossten und wuchsen die Halme – und dazwischen auch das Unkraut. Aber bei uns war es nicht wie in der Bibel, wo der Herr seinem Gesinde aufträgt, Weizen und Unkraut gemeinsam reifen zu lassen und erst bei der Ernte beides zu trennen. Nein, wir wurden auf den *Acker*, ins *Hofstückle* oder in den *Lisner* geschickt zum *Korn ropfa*. Die Mutter war dabei und zeigte uns, was, möglichst mit der Wurzel, herausgezogen werden musste: *Sonnawirbel* (Löwenzahn), *Ackerschnalla* (Klatschmohn), *Wenda* (Ackerwinden), *Kleabertsa* (klebriges Labkraut), *Schmella* (Schwebgras), manch-

Im Hausgarten sorgte die Hausfrau zeitig im Jahr für Salat, Gemüse und Gewürzkräuter. Dazwischen war noch Platz für Blumen und für eine Wäscheleine.

mal schwer zu unterscheiden vom Korn, und *alte Gäul* (Guter Heinrich) sowie natürlich die alttestamentarisch garstigen *Dischtel. Heardärm* (Vogel-Sternmieren) dagegen durfte man stehen lassen, sie starben nach der Reife ihrer Samen von selbst ab, ohne die Kornhalme zu umwinden – aber gerade sie waren so leicht auszureißen, dass man hier leicht übers Ziel hinausschoss. Wir hatten bei dieser Arbeit ein Grastuch um den Leib gebunden und packten das Unkraut da hinein. Wenn der *Bondel* zu schwer wurde, leerten wir ihn am Wegrain aus. Manche Leute verteilten ihr Unkraut in die ausgefahrenen Geleise der Feldwege, die dadurch für einen Tag oder zwei gepolstert waren. Barfuß laufende Kinder lernten solche trügerischen Annehmlichkeiten zu meiden und waren den Verursachern böse, denn die dürren Distelstacheln bohrten sich schmerzhaft in die kleinen *Barfüßle,* selbst wenn sich auf den Sohlen schon eine Hornhaut gebildet hatte.

Im zeitigen Frühjahr, oft schon Ende März oder im April, kamen die *Brockela* und die *Zuckerscheafa* in die Erde. Sie waren wenig kälteempfindlich und versprachen schon bald ein schmackhaftes Gemüse. Wenn sie herangewachsen waren, brauchten sie eine Stütze, an der sie sich in die Höhe ranken konnten. Zu diesem Zweck waren von dem Holz, das man vom Wald geholt hatte, Buchenäste reserviert und in die Erde gesteckt worden. Die Zuckererbsen erntete man, wenn sie noch jung und zart waren. Sie wurden samt den Schoten gekocht und in einer weißen Soße mit Kartoffeln aufgetischt. Bei den *Brockela* hingegen sollten die runden Kerne die Schoten füllen, denn nur die Kerne wurden verzehrt, als Beilage zum Reis, als Salat mit Essig und Öl oder in der Suppe. Die Schoten hingegen wurden den Kühen gefüttert.

Recht frühzeitig wurden auch die Zwiebeln gesät. Die Mutter hatte die einjährigen, gesäten Zwiebeln lieber als die zweijährigen, die als *Rompela* in einem luftdurchlässigen *Kischtle* überwintert hatten. Ein Vorteil der einjährigen war, dass sie, wenn sie groß gewachsen waren, im Frühjahr nicht so sehr auswuchsen wie die zweijährigen Zwiebeln.

Etwas später wurden die »Gelben Rüben« gesät. Da sie eine lange Keimzeit hatten, konnten sie getrost schon vor den Eisheiligen gesät werden; ebenso der »Peterling«. Die Saat der Petersilie und der Karotten musste man allerdings gut feucht halten, und so wurde dann manche Kanne Wasser geschleppt im trockenen März.

Im Hausgarten wurden Pflanzen gezogen, die man während des Kochens *gschwind* brauchte, wie Salat, Petersilie, Sellerie, Lauch und Schnittlauch. Davon holte sich die Mutter nach Bedarf etwas in die Küche oder sie schickte ein Kind. Insbesondere Petersilie war viel gefragt, zu Gemüse und zu Suppen. Auch Schnittlauch, fein geschnitten, kam in die Suppen, auf den sommerlichen Salzkuchen, in den *Luckeleskäs,* zum Quark (bei uns auch *Knollakäs* genannt), der aus abgetropfter Sauermilch entstand. Beliebt war auch der *Butterkäs,* bei dem man den streng riechenden *Bachschtoakäs* (Limburger oder Romadur) mit Butter und Schnittlauch zivilisierte. Im Winter trat Kümmel an die Stelle des Schnittlauchs.

In den ersten Frühlingstagen war bereits *Kressich* gesät worden. Schon zu Ostern gab es daher unter günstigen Umständen Kresse zum Kartoffelsalat und den bunten Ostereiern. Das war ein Genuss, auf den man sich nach dem Winter freute. Doch es war nicht der erste grüne Salat, den wir bekamen. Sobald die Weinberge schneefrei waren, fand man zwischen den Rebschenkeln und den *Schräga* die dunkelgrünen Rosetten des Ackersalats. Manchmal brachte der Vater eine *Kirschagrätta* voll heim, oft wurden auch wir Kinder extra geschickt, mit dem einhenkligen *Kirschakörble* und der *Hôpa,* dem gebogenen Winzermesser. Der Ackersalat wuchs in reicher Fülle in den Weinbergen, wo er an den sonnigen Hängen ein günstiges Lokalklima fand. Schnell schossen die Pflanzen auch schon in die Höhe, trieben ihre kleinen, weißen Blüten und trugen Samen, der beim Hacken ganz beiläufig für den nächsten Winter zugedeckt wurde. So pflanzte sich der Feldsalat sozusagen *von selber* fort und war *g'sond,* indem er uns die Vitamine und Ballaststoffe gab, die man damals ernährungstheoretisch noch gar nicht kannte.

Inzwischen waren auch auf den *Breschtlengsäckern* die Erdbeerpflanzen ziemlich groß geworden. Die Reihen hatten sich geschlossen. Da und dort zeigten sich schon Blütenknospen. Es war nun Zeit zum *Breschtlengfelga.* Sowohl die Gassen als auch die Reihen selbst wurden von Unkraut gesäubert. Dann wurde frisches Stroh eingelegt, so dass später die schweren Beeren eine saubere, trockene Unterlage hatten. Sorgfältig, fast liebevoll schob die Mutter das Stroh unter die Pflanzen.

Anfang oder Mitte Mai wurden die Kartoffeln gesteckt. Sie sollten ihre frostempfindlichen Blätter erst nach den Eisheiligen aus der Erde schieben. Im sandigen Boden gediehen sie besonders gut, aber im Wechsel der Jahre kamen sie auch auf anderen, lehmigen Äckern in die Erde. Mit der *Haue* zog der Vater lange Reihen, fünf bis zehn Zentimeter tief. Dann waren die größeren Kinder dran. Mit *Bogagrätta* voller *Ebira* traten sie an den Beginn einer Reihe, steckten eine Kartoffel in die Vertiefung, setzten einen Fuß davor und steckten die nächste an die Fußspitze. So ging es die ganze Reihe entlang, und der Korb wurde immer leichter. Die Reihen sahen nun aus wie lange Perlenketten (*Pôtter* sagte man halb ehrfürchtig, ohne zu ahnen, dass das Wort auf den vorreformatorischen Rosenkranz des »Pater noster« verwies). Manchmal wurde auch eine große Kartoffel in zwei Teile zerschnitten. Ich wunderte mich, dass auch eine kaputte, halbe *Ebira* keimen und Knollen bilden könne. »Ja, wenn sie genug Augen hat«, war die erhellende, bedeutungsvolle Antwort. Die Reihe wurde nun mit der *Haue* zugedeckt, von beiden Seiten, so dass sich über den Kartoffeln ein kleiner Hügel wölbte. Der Acker machte einen sauberen, friedlichen Eindruck. Sicher war das Gefühl,

***Breschtlingsfeld:* Die langen Reihen der Erdbeerpflanzen mussten gehackt und unkrautfrei gehalten werden. Die reifenden Früchte wurden in Stroh gebettet.**

etwas der Erde anvertraut und damit vollendet zu haben, an diesem Eindruck beteiligt.

Nun mussten noch die Rübenäcker bestellt werden. Zuvor hatten wir bei unserer *Dote* im Kaufladen Rübsamen geholt. Er stand in einem »Rupfensack« vor der Theke und wurde, obwohl keineswegs flüssig, literweise verkauft und somit wunderlicherweise aus dem Litermaß ungewogen in unser mitgebrachtes *Säckle* geleert. Der Acker wurde vorbereitet wie bei den Kartoffeln, nur dass die Reihen flacher gehalten wurden. Dann legte man die Rübsamen in die Reihen. Die Mutter wies uns an, die Samen nicht hineinzustreuen, sondern einzeln hineinzulegen. Jedes Korn hatte mehrere Samenkörner; so durften sie nicht zu nahe beisammen sein, weil sie sich sonst im Wachstum behinderten und man später unnötig viele kleine Rübenpflänzchen herausziehen musste. Die Rübsamen wurden dünn mit leichter Krume angedeckt und durften reihenweise festgetreten werden. Das war für die Kinder ein beträchtliches Vergnügen. Trotz sorgsamer Saat mussten später die vielen aufgegangenen Rübenpflanzen *verropft* werden. Das war leider ein langweiliges Geschäft und deshalb mühsam, weil man sich immer so tief bücken musste. Die stärksten Pflänzchen blieben stehen, die schwächeren wurden herausgezogen. Beim ersten Mal wurden mehr stehen gelassen, als man endgültig brauchte. Wieder einige Zeit später wurden die Rübenpflanzen einzeln gestellt, mit ungefähr 35 bis

Mit dem Handwägele hat eine ältere Frau ihre Saatkartoffeln ins ortsnahe Ländle gezogen und vertraut sie nun dem Boden an. Am Weg sitzt ein braves Kind.

An der Deichsel und den Waagscheiten angeschirrt, ziehen zwei Kühe ein Fass von ihrer »Produktion« aufs Feld. Auch die Ruhepause war produktiv.

40 Zentimeter Abstand. Wieder wurden die schwächeren Pflänzchen herausgezogen, aber diesmal wurden die kräftigsten davon beiseitegelegt. Mit denen besserte man nun Lücken in den Reihen aus. Die so verpflanzten Rüben mussten dann auch noch begossen werden. Gleichzeitig wurden die Reihen »gefelgt« und alles Unkraut entfernt.

War Regenwetter angekündigt, düngte der Vater die Rübenäcker mit *Lacha,* der Gülle, die vom Stall ins *Lachaloch* gelaufen war. Nach Möglichkeit geschah dies an Samstagen, ehe man am Abend badete, denn die *Lacha* wurde mit dem *Lachabutta* auf dem Rücken in die Rübenreihen getragen. Durch ein bewegliches Auslaufrohr erreichte die Gülle ihr Ziel. Darüber hinaus wurde die kostbare Gülle im *Lachefass* bis in die entferntesten Parzellen der Gemarkung gefahren.

Mitte Mai, nach den »Eisheiligen« (»Pankraz, Servaz und Bonifaz« und der »Kalten Sophie«), ging die Arbeit in den Hausgärten richtig los. In den Beeten standen die Frauen, gruben um, zogen Reihen, legten Samen ein, deckten Erde drüber. Auf den Straßen und Wegen hörte man freundliche Grüße: »So, bischt am Gärtla? … Was dueschtʼ denn naus?«

Im Flecken war man ja allgemein per Du. Doch uns Kindern wurde beigebracht, dass Personen, die altersmäßig Vater oder Mutter hätten sein können, mit dem ehrerbietigen »Ihr« angeredet werden sollten. Freilich war für uns diese Einschätzung schwierig; man drückte sich deshalb als Kind vor den ortsüblichen Grußformeln der Erwachsenen. Deren *Kommscht au? – Bischt au dô? – Was schaffscht? – Gôhscht hoam?* konnte entweder stereotyp mit der gleichen Frage oder mit einem lakonischen *Jô* erwidert werden, oder aber bei Zeit und Bedarf zu einem *Schwätzle* führen. Nicht zu grüßen, galt als tölpelhafte, grobe Unhöflichkeit. Andererseits galt das neutrale *Grüeß Gott* als *fiernehm,* und man spürte, dass man sich mit diesem hohen Gruß über die Dorfgemeinschaft erhob. Insofern war es nicht leicht für Kinder und Heranwachsende, den richtigen Ton zu treffen, und man adressierte deshalb die Älteren oft indirekt – *goischtweis.*

In ihren Gärten hackten die Hausfrauen für ihre *Schteckabauna* ein *Stüefle,* etwa acht bis zehn Zentimeter tief. Darein legten sie ein *Hendlevoll* Bohnen, die fürs schnellere Keimen oft schon einen oder zwei Tage vorgeweicht waren. Dazu steckten sie auch gleich die *Baunaschtecka* – lange, dünne Fichtenstangen, die im frühesten Frühjahr vom Holzplatz im Wald geholt worden waren.

Die Buschbohnen wurden in Reihen gelegt, kleine Häuflein von jeweils fünf bis sieben Bohnen im Abstand von etwa acht Zentimetern. Sie wurden mit einem kleinen Erdwall bedeckt. Buschbohnen keimten schneller als Stangenbohnen, hatten aber auch früher abgetragen.

Die beiden Gärtner am Ort hielten in ihren Gewächshäusern jetzt *Setzwar* bereit: Blumenkohl, Sellerie, Kohlrabi, Lauch, Wirsing- und Krautpflanzen, Tomaten und Rosenkohl. Die Mutter verteilte ihre Einkäufe gewissenhaft zwischen den beiden. »Dia mießet älle leaba«, war ihre Maxime. Mit einem Korb, Geldbeutel und Zeitungspapier wurde ich zu einem der beiden Familienbetriebe geschickt. Der Gärtner oder seine Frau führte mich zu langen, schmalen, mit Holzlatten eingefassten Pflanzbeeten, zwischen denen Laufbretter gelegt waren. Überall grünte es, aber das bläuliche Grün der Kohlarten herrschte vor. Ich bekam die bestellte Anzahl der Pflänzchen (und eins oder zwei dazu) in ein Zeitungsblatt eingeschlagen und im Korb verstaut, hätte aber nicht unterscheiden können, was davon Kohl oder Kraut, Blumenkohl oder Kohlrabi werden sollte. Doch Sellerie, Lauch und besonders die Tomaten waren schon eindeutig zu erkennen.

Gemüsebeete, Beerenstauden und Dahlien in gärtnerischer Pracht in Hausgärten und ortsnahen Ländern, hier vor dem Schnaiter Schloss.

Die *Setzwar* wurde auf dem orts- und bachnahen *Ländle* angepflanzt, denn die frisch gesetzten Pflanzen mussten begossen werden, damit sie anwuchsen. Selbst wenn ein Regen in Aussicht stand, wurden sie zur Sicherheit *a'gossa*. Die Tomaten fanden zum Teil ihren Platz auf den *Häuptla* im Weinberg. Dort hatten sie sehr viel Sonne. Wir pflanzten ziemlich viele Tomaten: Sie ließen sich nicht nur auf mannigfache Weise im Haushalt verwenden, sie ließen sich obendrein noch gut verkaufen. Vom Hochsommer bis in den Spätherbst gab es reife Tomaten. Sie wurden gerne roh verspeist zum Butterbrot, zerschnitten im Tomatensalat, angesetzt mit Sauerrahm und Salz oder mit

Zwiebeln und Salatöl, gekocht als Tomatensuppe oder als Tomatensoße. (Die Pizza mit Tomaten schlummerte, uns unbekannt, noch in Italien.) Für den Winter wurde Tomatenmark eingedünstet. Selbst grüne Tomaten wurden noch im Herbst, wenn die Stauden abgefroren waren, zu *G'sälz* verarbeitet. Allerdings brauchten die Tomaten eine intensivere Pflege als andere Gemüsesorten. Vor allem brauchten sie Pfähle, an die sie angebunden wurden. Weil sie sehr stark wuchsen und auch aus den Blattachseln Trieb um Trieb wuchern ließen, war es notwendig, sie immer wieder »auszugeizen«, indem man die Seitentriebe ausbrach. Dem fielen auch manchmal Blüten oder winzige Tomaten zum Opfer, aber die Büsche blieben übersichtlich, und die verbleibenden Tomaten wurden größer und reiften besser.

In die *Erdalöcher,* die Vertiefungen im Weinberg, die beim winterlichen Erdetragen entstanden waren, wurden Kürbiskerne gesteckt, die in diesen sonnigen Lagen bald keimten. Mit ihren großen Blättern verkleideten und füllten sie bald die Narben im Weinberg. Ihre gelben Blüten waren eine Weide vorwiegend für Hummeln, und aus den fast reifen, zum Teil sehr großen Kürbissen hackten dann manchmal die Rabenkrähen mit ihren scharfen Schnäbeln die noch weichen Kürbiskerne heraus. Für uns Kinder war es interessant zu beobachten, wie sich eingeritzte Initialen mit dem Wachstum der *Kirbsa* wulstig vergrößerten.

Die Gurken brauchten recht viel Platz und Feuchtigkeit. Für sie war das Land am Bach günstig. Bald trieben die Pflanzen lange Ranken mit großen, rauen Blättern. Dann kamen die gelben Blüten. Sie wurden fleißig von Hummeln besucht. Die kleinen *Girkla* trugen zunächst noch die abgestorbenen Blütenblätter an ihrer Spitze. Wenn sie so groß und dick waren wie ein Daumen, wurden sie geerntet. Zweimal in der Woche ging man *en d' Girkla.* Sie wurden hundertweise an den Gemüsehandel verkauft. Waren sie größer geworden, so machte man Gurkensalat daraus, oder sie wurden in einer Essig-Salz-Lösung eingekocht. (Manche Hausfrauen nahmen dazu einen Messingtopf, in dem Salz und Essig Grünspan erzeugten und die Gurken grasgrün hielten; doch davon hielt unsere Mutter nichts, und so hatten wir olivgrüne, aber ebenso schmackhafte saure Gurken.) Die kurz aufgekochten *Girkla* wurden sorgfältig in Einmachgläser geschichtet, so dass möglichst wenig Zwischenraum entstand. Zwischen die einzelnen Lagen wurden Zweiglein von Estragon und Dill gelegt. Darauf wurden Senfkörner und Lorbeerblätter gestreut und Essigsud darübergegossen. Schließlich verschloss man die Gläser mit Gummiring und Deckel, sicherte sie mit einer Klammer und versenkte sie im Eindünstkessel.

***Bild nächste Seite:** Wein, Obst, und Wald umarmen diesen »schönsten Wiesengrund«. Innig verbinden Schnaiter den Blick »ins Tal hinaus« mit dem Lied ihres Friedrich Silcher.*

Sommer

Jetzt pressiert's

Über den Ranschaub, das Heftmaterial im Weinberg, wachte streng die Forstverwaltung. Bei dürftigem Wuchs durfte im Wald nur gezupft, nicht geschnitten werden.

»Wer im Heuet et gablet, en der Ernt et zapplet, em Herbscht et crüeh ufschtôht, guck zue, wie's em Wenter gôht.« – Für den *Wengerter* galt dieses Sprichwort das ganze Jahr, zumindest vom *Hacket* bis zur Lese, aber ganz besonders für die Sommermonate.

Im *Wengert* mussten die wachsenden Triebe an die Pfähle geheftet werden. Dies geschah mit den langen, zähen Halmen des Waldgrases, *Ra'schaub* genannt. An bestimmten Stellen des Waldes wuchs der »Ranschaub« in üppiger Fülle. Diese Plätze wurden versteigert. Mehrere *Wengerter* zusammen »kauften« einen Platz. Dann wurde ein Tag ausgemacht, an dem sie alle zusammen loszogen, ausgestattet mit Sichel, *Kompf* und Wetzstein, dazu *Veschper ond z'Trenka.* Das Vesper kam in ein weißes *Brotsäckle,* der Most in den »Sutterkrug«. In diesem bauchigen, enghalsigen Steingutkrug mit Patentverschluss hielt sich das Getränk kühl, weil das Material ein wenig porös war.

Die Blüten- bzw. Fruchtstände des Ranschaubs standen mannshoch bis übermannshoch und spielten im Wind. An der Stelle angekommen, schnitten die Männer das Gras ab und banden es zu *Buschla* zusammen. Es wurde entweder mit der *Schloife* nach Hause transportiert, oder aber am späten Nachmittag kam ein Fuhrwerk, von Kühen gezogen, und der Ranschaub wurde gemeinsam aufgeladen. Im Dorf wog man die *Buschla* auf der öffentlichen Waage und verteilte sie sogleich. Zuhause wurden die langen Halme büschelweise in etwa 40 cm lange Stücke zerschnitten und zu *Heftschaibla* zusammengebunden. Sie wurden mit einem Holzhammer plattgeklopft und am Tag vor dem Gebrauch eingeweicht, damit sie geschmeidig wurden.

Der Vorgang des Heftens war im Prinzip derselbe wie vormals beim *Benda,* nur dass es jetzt um die jungen Triebe ging, die befes-

Heften: Die jungen Triebe der Rebstöcke wurden mit Ranschaub an den Pfählen befestigt, bevor die suchenden »Händchen« der Reben selbst Halt fanden.

tigt werden mussten, und dass man mit einem anderen Befestigungsmaterial arbeitete. Ein oder zwei Halme des biegsamen Heftgrases wurden um Pfahl und Trieb geschlungen und die losen Enden gemeinsam gezwirbelt, so dass im Handumdrehen, ähnlich wie im Frühjahr beim *Benda* ein *Drohdel* (das heißt eine elastische, selbsttragende Schleife) entstand. Deren Halt reichte für die wachsenden Triebe so lange, bis die ihre eigenen »Händchen« entwickelt hatten, mit denen sie sich und ihre anschwellenden Trauben später an den Pfählen festhielten. Beim Heften wurden zugleich die *Aberzorna,* die unfruchtbaren Seitentriebe aus den Blattgabeln, »ausgegeizt«, das heißt ausgebrochen.

Wengert schpritza

Mitte bis Ende Juni drängten sich dann verschiedene unaufschiebbare Aufgaben zusammen. In den Weinbergen musste gespritzt werden gegen den »Kaiwurm« (Heuwurm, dessen spätere Generation »Sauerwurm« hieß) sowie gegen die *Kranket* (wie die Blattfallkrankheit oder Peronospora pauschal genannt wurde). In einzelnen Jahren mussten zudem die Kräuselkrankheit und der Mehltau mit Spritzmitteln bekämpft werden. Gegen Mehltau wurde auch Netzschwefel versprüht. Ein Regenguss förderte das Einnisten und Gedeihen der Pilze. Daher spritzte man am besten vor dem angesagten oder erahnten Regenwetter. Nicht selten gab es auch hektische Diskussionen unter den Weingärtnern darüber, wogegen man jetzt spritzen sollte, denn gegen einen tückischen Schädling oder Krankheitserreger kämpfte man gemeinsam in der Flur erfolgreicher als allein auf seiner Parzelle. Über die einzelnen Spritzungen legte der Vater seine Erfahrungen an der Innenseite der Tür seines Kleiderschrankes nieder. So konnte seine handfeste Buchführung nicht verräumt oder verlegt werden.

In den Kriegsjahren war der Vater mit dieser Arbeit besonders belastet. Seine Schwägerin Anna, seine Schwester Ernstine und die Tante Mathilde im Schloss waren auf ihn angewiesen, solange ihre Männer im Kriegsdienst waren. So wurden wir Kinder da- oder dorthin geschickt, mit der Botschaft, dass der Vater morgen *dein Lercha, dein Sandmorga* oder *dei Brenkela schpritze dät.* Das sollte dann heißen, sie sollten Kupfervitriol ins *Schpritzeloch* hängen, das im Weinberg aufgestellt war, und Wasser zusetzen, damit sich die Kristalle auflösen konnten.

Auch wir selber wurden nicht selten mit zwei Säckchen und einem Vierkantschlüssel losgeschickt. In dem einen der Säckchen war gelöschter Kalk, im anderen Kupfervitriol, beides exakt abgewogen. Die Aufgabe war, aus der Wasserleitung, welche in einer Höhe von drei Metern durch die Weinberglagen führte, eine gewisse Menge Wasser in das *Schpritzeloch* laufen zu lassen. Dann musste man das Vitriolsäckle an einem Pfahl ins Wasser hängen, das Kalksäckle aber an eine trockene Stelle danebenlegen.

Den Kalk hatte der Vater in gebrannter Form im Frühjahr geliefert bekommen. Die weißen Klumpen wurden in den großen, verzinkten Waschzuber geschüttet. Auf dem Gartenweg vor dem »Kalkloch« schüttete der Vater kaltes Wasser dazu. Nun war es erstaunlich, wie die Steine anfingen zu zischen, zu brodeln und sogar zu spucken, und es war nicht nur die strenge Weisung des Vaters, sondern auch die Angst, verletzt zu werden, die uns bewog, nur von ferne zuzuschauen. Der Vater fing nach einer Weile an, mit einer Hacke die zerfallenden Steine *omz'ruedla,* bis als Ergebnis dieser Rühraktion eine dickliche weiße Kalkmilch entstand. Sie wurde einige Zeit stehengelassen, bis sie abgekühlt und noch dicker geworden war. Dann wurde sie in die Kalkgrube geschüttet und mit der Platte des *Kalkschtoa* abgedeckt. Die Kalkgrube maß etwa einen Meter im Quadrat, ihr Rand ragte etwa 40 cm aus der Erde und war aus Backsteinen gemauert. Wie tief sie in die Erde ging, habe ich nie erfahren. Man näherte sich dem ungeheuren Loch nur, wenn es mit dem »Kalkstein« verschlossen war. Der Kalk wurde, außer zum Spritzen, auch als desinfizierender Anstrich zum *Weißna* des Stalls und der Hühnerställe gebraucht.

In jenen Jahren überzog ein weites Netz von aufgestelzten Wasserleitungsrohren die Weinberge. An heißen Sommertagen erhitzte sich das Wasser in den Rohren »fast bis zum Siedepunkt«, wie man behauptete. Im Winter war das Wasser abgestellt und die Leitungen entleert. In jedem Weinberg waren einige Spritzelöcher über die oft langen, aber schmalen Hangparzellen verteilt. Über jedem *Schpritzeloch* war ein Wasserhahn, der mit einem Vierkant-Imbuss-Schlüssel zu öffnen war. Das *Schpritzeloch* war ein runder oder kubischer Betontank, der etwa einen Kubikmeter Wasser fasste. Zur Feststellung der Wasserhöhe (und damit der Wassermenge) im *Schpritzeloch* lag ein eingekerbter Pfahl bereit. »Füllscht's bis zom ondera Schtrich«, hieß etwa die Weisung. Die eigentliche Spritzbrühe machte dann der Vater aus der angesetzten Tunke selber an, indem er den Kalk und noch mehr Wasser zugab und alles *fescht verruedlet* hat mit dem besagten Spritze-Pfahl.

Das Spritzgerät selbst wurde befüllt mit der *Schpritzeschapfa,* einem becherartigen

Die Intensivkultur des Weinbaus erforderte mehrmaliges Spritzen mit Kupfervitriol gegen die Kranket. Dazu diente die handbetriebene Rückenspritze.

Gefäß mit einem Henkel, das etwa zweieinhalb Liter fasste. Nachdem der Deckel der oval als Traggerät eingebuchteten Spritze aufgesetzt war, nahm sie der Vater an ihren zwei Riemen auf den Rücken. Er führte dann das durch einen Schlauch aus dem Behälter versorgte Sprührohr bald rechts, bald links unter die Blätter, und seine andere Hand pumpte zugleich mit dem über die Schulter nach vorn gebogenen Hebel Druck in den Behälter, so dass kontinuierlich ein feiner Sprühnebel aus der Düse des Sprührohrs spritzte und sich auf die anfällige Unterseite der Blätter setzte. Der zugesetzte Kalk sollte bewirken, dass das Spritzmittel haften blieb. Je nach Wetterlage wurde die Spritzung gegen die Blattfallkrankheit alle zehn bis vierzehn Tage wiederholt, bis Mitte August.

Em Haiet

Zu gleicher Zeit war das Gras auf den Wiesen hoch herangewachsen, die *Margretla* und die *Pfengschtnägela,* die *Nôdelbeischtla* (Knautie) und die *Gockelgaich* (Wiesenbocksbart) waren schon verblüht. Die Gräser bildeten Samen, die bei der Heuernte ausfallen und neue Pflanzen bilden konnten. Noch war das Gras nicht so *stärch,* dass es der Sense zu viel Widerstand entgegengesetzt hätte. Wenn nun das Wetter gut war, ging es ans Heuen.

Die Volksschulkinder hatten fürs Heuen acht bis zehn Tage *Haivakanz.* Diese Vakanz wurde vom Schulleiter gemeinsam mit dem Bürgermeister vereinbart. Aber o weh, wenn am Montagmorgen *schlecht Wetter* aufzog! Dann läutete die Schulglocke, und die Kinder mussten doch wieder in die Schule kommen. Aber aufgeschoben war nicht aufgehoben, man bekam die Vakanz ganz sicher zum Heuen.

An den Abenden während des *Haiets* tönten aus allen Scheunen die Hammerschläge des Dengelns durch das Dorf. Der Dengelstock, ein schwerer länglicher Holzklotz oder Stein, in dessen einem Ende ein oben flacher Eisenpflock (eine Art Miniatur-Amboss) verankert war, stand bereit. Der breite Dengelhammer wurde herbeigeholt sowie die zu dengelnden Sensen. Die Flügelschraube, die das Sensenblatt am Sensenstiel festhielt, wurde gelöst und das Stahlblatt abgenommen. Der »Dengler« nahm Platz auf dem Klotz. Die eine Hand ergriff den Hammer, die andere fasste das Sensenblatt an der stumpfen Seite und führte es langsam über den kleinen Amboss, während der Dengler den Hammer mit kurzen, flachen Schlägen darauf fallen ließ. Auf diese Weise wurde die Schneide immer schärfer, und früher entstandene Scharten wurden ausgebügelt. Besonders die Spitze des Sensenblatts musste scharf sein. Zum Schluss wurde durch einen leichten Daumendruck überprüft, ob die Schneide den Ansprüchen des Heugrases genüge. Dann wurde das Blatt wieder an seinem Stiel befestigt und die Flügelschraube mit einer Flachzange fest angezogen. Die nächste Sense kam an die Reihe.

Der Tag brach sehr früh an, noch ehe die Sonne recht aufgegangen war. Die Wiesen waren noch sehr nass vom Tau. Der Vater und der Christianvetter schulterten ihre *frisch dengelte Seagesa,* steckten den *Kompf* mit dem *Wetzschtoa* in den Hosenbund und gingen los ins Mähen. Da warteten mehrere *Schtickla* in den »Wasen«, zwei im *Guggabronn,* die *Erlawiesa,* das *Allmetschtickle,* weiterhin der *Schtich,* das *Baacher Wiesle* und die *Zortlwiesa.* Etwa eine Stunde später machten die älteren drei von uns Kindern sich auf den Weg, je eine dreizinkige Heugabel auf der Achsel, einen Korb mit dem *Morgaessa* am Arm hängend. Zu diesem bescheidenen ersten Frühstück gab es »Kathreiners Malzkaffee« mit *Zigore.* Milch und Zucker waren schon zugefügt, und das Weißbrot wurde eingetunkt. Brotaufstrich gab es zum Morgenessen nicht. Dafür gab es um halb zehn ein Morgenvesper *mit ebbes druf.*

Wir gingen barfuß, und zunächst froren wir sehr an den Füßen, denn die Steine waren kalt von der Nacht und feucht vom Tau. Die Sonne stand noch nicht hoch und blendete uns. An der Wiese angekommen, wurden wir von den mähenden Männern begrüßt: »So, kommet'r endlich!« Sie hatten schon einige *Mahda* gemäht, die ebenfalls auf uns warteten: Sie sollten *g'warbet* werden. Die Mä-

Das Dengeln der Sense am Vorabend des Heuet war die Voraussetzung für den scharfen Schnitt bei der Mahd.

Im Frühtau beim ersten Sonnenstrahl eines heißen Tags wird das hohe Heugras in langen Schwaden gemäht. Kinder bringen später das Frühstück.

her setzten sich zu ihrem *Morgaessa* auf den Boden, und wir fingen an, das gemähte Gras mit unseren Heugabeln aufzuschütteln und gleichmäßig zu verteilen.

Später kamen auch die Mutter und die *Dote* Marie nach. Sie hatten den Stall mit den drei Kühen und der Sau sowie den Hühnerstall versorgt, die Milch im dörflichen *Milchhäusle* abgeliefert, die Kleinen angezogen, gefüttert und ins *Kinderschüle* gebracht. Nun ging es flott voran. Noch ehe die Sonne im Zenit stand, lag alles Gras der heutigen Mahd still in der Sonne, deren nunmehr warmen Strahlen ausgesetzt, die bereits den Tau weggetrocknet hatten. Auf dem Heimweg waren wir froh, keine Schuhe an den Füßen zu haben. Man fing schon an zu schwitzen.

Unterwegs lockten die weißen Teller der Holunderblüten. Manchmal nahm die Mutter einen Strauß davon mit für *Holderkiechla.* Dazu wurden die Holunderdolden in Pfannkuchenteig getaucht und ins heiße Fett gelegt. In der Pfanne wurden die Stiele mit der Schere abgeschnitten und die *Kiechla* umgedreht. Dazu gab es Kartoffel- und grünen Salat, mit einer Suppe als Vorspeise. Manchmal gab es die *Holderkiechla,* wenn sie nicht gerade in den Speiseplan passten, mit ein bisschen Zucker bestreut als Nachtisch.

Am Nachmittag gingen die Frauen mit den Kindern hinaus ins *Omkaira.* Mit dem

Rechen wurde das trocknende Gras gewendet und luftig aufgelockert. Nach dem *Warba* am Morgen war die Heuwiese glatt dagelegen, nun kräuselte sich die Fläche. Das geschnittene Gras begann nach Heu zu riechen.

Wenn das Wetter beständig war, hatte man in der Regel mehrere Wiesen gemäht, so dass man von einem Ort zu anderen ging. Dazu kam das nicht eingefahrene Heu auf den gemähten Stücken vom Vortag, das ebenfalls weiterer Sonnenstrahlen bedurfte. Nur wenn man in weit entfernten Fluren, wie dem *Baacher Wiesle* oder der *Zortlwiesa* zu tun hatte, zog man am Morgen los und blieb den ganzen Tag draußen. Dort, in der Nähe des schattigen Waldrands, mit dem Vogelgezwitscher und dem Bienengesumm in den Ohren und angesichts der entspannten Arbeitslast bei schönem Wetter, glaubten wir uns vorstellen zu können, was Bürgersleute aus der Stadt unter »Urlaub«, »Sommerfrische« oder »Ferien« verstanden. Das Gras, das man am Nachmittag gewendet hatte, wurde am Abend, wenn das Wetter sicher war, *ufg'roilet,* das heißt, zu Reihen zusammengerecht. Drohte aber ein Regen oder Gewitter, so machte man *Haufa.* Auf jeden Fall aber wurde am nächsten sonnigen Morgen alles wieder *verschtrait,* damit das Heu vollends trocknen konnte.

Im Idealfall konnte das Heu am zweiten Tag, trocken und duftend, eingefahren werden. Zu dürr sollte es nicht sein, weil die Halme sonst brachen und das Heu seinen Nährwert verlor. Schade war es, wenn es nass geworden war und man es *omananderbäha* musste. Dann konnte es sogar sein, dass man es unter den Bäumen wegschaffte und an einem sonnigen Platz um so dichter wieder ausbreitete. Hektische Eile vor Gewittern ersparte deshalb unter Umständen diese mehrfache Arbeit, verlagerte aber nicht selten die atmosphärischen Spannungen vom Himmel ins Heim.

Früher oder später wurde das trockene Heu, je nach Breite der Wiese, in mehreren Schwaden *zemag'schla:,* dazwischen wurden die liegengebliebenen Halme schon mal *zemag'rechnet.* Dann kam der Vater oder der Christianvetter mit dem Kuhfuhrwerk, oder es ging einer der großen Buben heim und holte den Wagen. Der stand schon im Hof. Im Stall waren die Kühe angebunden. Sie mussten mit einem ledernen Stirnband angeschirrt und vor den Wagen gespannt werden. Dann ging es in gemächlichem Trott durch das Dorf und zu der betreffenden Wiese. In den *Guggabronn*, die steile, steinige Eselstraße hinauf, wollten die Kühe nicht so gerne gehen. Man musste sie ein- oder zweimal *grueba* lassen. Dazu suchte man sich eine der tiefen Querrinnen aus, durch die das Oberflächenwasser in den abschüssigen Graben geleitet wurde. Man ließ die Hinterräder darin ruhen und gebot »öha!« Nach ein paar Minuten konnte es mit »hü!« weitergehen. Ein

Mit dem Rechen wird gemeinsam das halbtrockene Heu gewendet. Derweil macht eine vorsorgliche Nachbarin schon Haufen – das Wetter könnte umschlagen.

Zug am Leitseil brachte das Gefährt wieder in Bewegung.

Das Laden des Heuwagens erforderte Kraft, Geschick und Erfahrung vom »Lader«, aber ebenso vom »Gabler«. Die einzelnen »Schübel«, die mit einer Heugabel mit langem Stiel, der »Ladegabel«, vom Boden aufgenommen und in die Höhe gestemmt wurden, mussten gleichmäßig auf den Wagen geschichtet und an den richtigen Stellen festgepresst werden. Dabei gaben die vorn und hinten quer zwischen die letzten Sprossen der Leitern eingestellten »Schilde« aus fächerförmigen Lattengerüsten eine gewissen Halt. Seitlich musste aber die ausladende Fracht allein mit den Schübeln tragfähig aufgebaut werden.

Die Kühe bekamen während des Ladens zur Beruhigung einen Schübel frisches Heu vorgeworfen. Gegen die lästigen Bremsen wehrten sie sich, so gut sie konnten, mit Kopf und Schwanz. Unter unseren Kühen war aber

auch ein *Breamanarr.* Deshalb musste eines der Kinder sich vor die Kühe stellen und mit einem Zweig in der Hand versuchen, ihnen die aufdringlichen Kriebelmücken aus den Augenwinkeln zu verjagen und die laut summenden Rinderbremsen fernzuhalten oder zu erschlagen. Auf Geheiß fuhr man das Gespann von Zeit zu Zeit ein paar Schritte voran, damit die Wege der Gabler klein blieben.

Im Allgemeinen verlief alles gut, auch in abschüssigen Streuobstwiesen. Aber einmal, an einem besonders heißen, gewittrigen Tag, hielt es der *Breamanarr* nicht mehr aus. Er riss die andere Kuh samt dem Wagen mit sich bergab, über den Ziehweg hinweg und weiter zum Rand eines Steilhangs. Der Lader konnte abspringen, die anderen Leute sprangen aus dem Weg, die Deichsel brach entzwei, aber wie durch ein Wunder entstand kein weiterer Schaden.

War alles Heu aufgeladen, wurde der Wagen mit einem Rechen »gekämmt«, da-

Ein Heuwagen wird geladen: Zwei Männer gabeln, Mutter drückt die Schübel fest, die junge Frau recht nach, friedlich verspeisen die Kühe ihren Vorschuss.

Der volle Heuwagen wird sorgsam mit dem Kuhgespann nach Hause gebracht. Auf der gekämmten Ladung sitzen zwei Frauen mit Kopftuch und Rechen.

mit man auf den holprigen Wegen nicht so viel Heu verlor. Die *Zemarechneda* wurde zuletzt auch noch aufgeladen, und dann wurde von vorn über den ganzen rollenden Heuberg das dicke *Wellasoil* geworfen, das unter gemeinsamem »Hau–Ruck« festgezogen und hinten am Wagenbaum mehrfach verknotet wurde. Bei der Ausfahrt über die Wegraine der steilen Wiesen musste manchmal der Wagen auf der einen oder anderen Seite mit Gabeln gestützt werden, damit er nicht umkippte. War er dann auf der ebenen Straße, so durften wir Kinder *Haiwaga fahra*. Das war ein großes Vergnügen, bei dem man freilich ganz still sitzen musste: das warme, etwas kitzelnde, duftende Heu unter sich, dem Himmel, an dem manchmal weiße Gutwetterwolken zogen, ein Stückchen näher, sacht geschaukelt von den Unebenheiten der Straße. Die Räder knarrten, die Klauen der Kühe klackten leise, nur ab und zu war ein »hü!« oder ein Gruß an

einen Entgegenkommenden zu hören: »So, kommscht au?« Aber bevor man einschlief, war man schon zu Hause im Hof.

Das Abladen war ein Vergnügen für sich. Auch da wurden die Kinder gebraucht, um das Heu festzutrampeln. Der Christianvetter gabelte es vom Heuwagen auf die *Haibehne.* Dort nahm es der Vater in Empfang und reichte es uns weiter. Wir drückten es an die Wand und unter das Dach, trampelten darauf herum und wurden davon bedeckt, schüttelten es ab und lachten, husteten und badeten im Heu. Was Wunder, wenn danach die Haare voll waren mit Grassamen und Hälmchen, die sich allerdings auch unter die Kleider schlichen und dort *schtupfelten* und juckten. Die Arme und Beine hatten unzählige kleine Kratzer, die beim abendlichen Waschen brannten. Aber wir waren nicht wehleidig. So etwas gehörte zum *Heuet.*

Breschtling

In dieser Zeit reiften zu allem Überfluss auch noch die *Breschtleng* und die Kirschen. Die Erdbeeren wurden dreimal in der Woche *wegdao,* selbst bei Regenwetter. Dazu hatten wir kleine *Spa'körbla,* etwas mehr als doppelt so lang wie breit, so dass man sie gut ineinanderstecken und aufeinanderstapeln konnte. Jedes fasste fünf Pfund Beeren. Daneben gab es auch die großen Spankörbe, die jeweils zwanzig Pfund fassten. Doch diese wurden für Kirschen und anderes Obst verwendet, das weniger druckempfindlich war.

Der *Breschtlengsacker* lag schön grün und gelb vor uns: die grünen Reihen der Pflanzen, dazwischen die Gassen, mit gelbem Stroh ausgelegt. Und aus dem Grün der Blätter leuchteten rot die reifen Beeren. Doch längst nicht alle, die reif waren, guckten hervor, die meisten musste man im Laub suchen. Auch durfte man nicht alle, die rot ins Auge stachen, abreißen. Oft waren sie an der Spitze noch grünlich. Diese ließ man bis zum nächsten Mal hängen. Es gab auch solche, die an der Unterseite von Schnecken angefressen waren. Die waren noch zu gebrauchen, aber nicht zu verkaufen. Aber die fauligen Erdbeeren, die mussten entfernt werden. Im *Deih-Acker* waren rechts und links Kornfelder, da warf man die fauligen hinein. Auch in anderer Hinsicht war es gut, wenn Kornfelder in der Nähe waren. Beim *Breschtlengzopfa* wurden natürlich auch viele gegessen (»aber et de Scheeschte!«), und bekanntlich führen Erdbeeren ab. Da verschwand man *mausleis* im Korn und erleichterte sich. Der Kot, so war uns streng eingeprägt worden, musste mit Erde bedeckt werden. Dort war das nicht schwierig.

Beim *Breschtling wegdoa* führte man zwei *Körbla* mit sich: das eine für die schönen und großen Beeren, das andere für die »anbrüchigen« und kleinen. Das »schöne« *Körble* war meist zuerst voll. Man musste achtgeben, dass keine Beeren über den oberen Rand des Spangeflechts hinausragten, sonst wurden sie beim Stapeln verletzt. Die vollen *Körbla* wurden an den Ackerrand gestellt, zum Schluss eingesammelt und sachte nach Hause oder zur Sammelstelle transportiert.

Abnehmerin für staatlich bewirtschaftetes Obst einschließlich Kirschen und Erdbeeren (und mit der ordnungsgemäßen Belieferung des großstädtischen Markts in Stuttgart betraut) war Frau Strauß in der geräumigen vormaligen Nudelfabrik. Daneben hatte die *Zeltwangere,* deren Sammelstelle in der oberen *Heetza* uns näher lag, die Genehmigung, mit nicht offiziell bewirtschaftetem Gemüse und Zwetschgen zu handeln. In ihrer kleinen, fensterlosen Scheune warteten im dämmrigen Hintergrund ungezählte Körbe, um die angelieferte Ware aufzunehmen. Im Vordergrund war ein Tisch aufgestellt, mit einer Geldkassette darauf. Daneben stand die Brückenwaage und die Holzkiste mit den Gewichten. Gewogen wurden die Tomaten, die Träuble und die Zwetschgen. Die *Girkla* wurden auf Treu und Glauben nach der angegebenen Hundertzahl angenommen. Das Augenmaß der kleinen, rundlichen Marktfrau sowie ihre Menschenkenntnis waren in vielen Jahren so geschult, dass sie Vertrauen wagen konnte. Sie wusste, mit wem sie es zu tun hatte.

Den ganzen Sommer über hatten wir frisches Obst und Gemüse von den eigenen Bäumen und Feldern zu essen, und im Winter gab es zuerst die eingelagerten Äpfel und Birnen aus dem Keller und dann das eingedünstete und getrocknete Obst. Der Reigen der frischen Früchte begann oft schon Ende Mai auf dem Erdbeerfeld mit *de Breschtleng.* Dann kamen die verschiedenen Kirschen, die roten und schwarzen *Träubla,* die Himbeeren und Stachelbeeren, die *Goißhirtles*-Birnen, die Pflaumen und Zwetschgen und schließlich die Äpfel, beginnend mit den »Jakobi-« und den »Jakob-Fischer-Äpfeln«, die unverzüglich gegessen werden konnten.

Zudem gingen wir an sommerlichen Sonntagen hinaus in den Wald, zumal in den »Hohlen Stein« hinter der Mühle, um *Erberla* (Walderdbeeren), Heidelbeeren, Waldhimbeeren und wilde Brombeeren zu suchen. Was wir von diesen Exkursionen heimbrachten, reichte aber allenfalls für ein *Veschper* mit Zucker, Sauerrahm oder *g'schtandener Milch.*

Kirscha ra:doa

Die Kirschenernte war zu jenen Zeiten eine weitere Sommertätigkeit, die sehr pünktlich und genau ausgeführt wurde. Von den ersten, den *Groabächerla,* die nur zum Essen und allenfalls für Kuchen geeignet waren, über die schwarzen *Schträhles* bis zu den späten Herzkirschen, den »Weißen Schecken« und den kleinen, herben »Wilden« wurden alle geerntet. Zum einen waren die Kirschbäume, deren üppige Blüte den »Städtern« schon einen Sonntagsausflug in unseren Ort wert gewesen war, staatlich erfasst und mit einem Ablieferungssoll belegt, zum anderen war der Markt leer von ausländischen Früch-

Eine zweiundvierzig Sprossen hohe Leiter wurde mit der Schleife auf den Berg gefahren und wird nun samt Korb und Haken zum Kirschbaum balanciert.

ten und die Bevölkerung ausgehungert nach frischem Obst.

Die über zehn Meter lange, 42-sprossige Leiter wurde aus ihrer hohen Halterung am Stallgebäude gehoben und vorsichtig zu Boden gelassen. Die Sprossen wurden überprüft, ob sie noch sicher in den seitlichen Holmen feststeckten, und, wenn nötig, ersetzt. Dazu schnitzte der Vater eigenhändig neue Sprossen aus Buchenholz und spitzte sie an ihren Enden zu. Unter vorsichtigem Klopfen wurde einer der Holme der Länge nach abgenommen. Nach dem Einfügen der neuen Sprossen in die vorbereiteten Löcher der Holme steckte der Vater die Leiter wieder sorgsam zusammen und trieb den abgenommenen Holm umsichtig mit Hammerschlägen an, bis alle Sprossen festsaßen. Bei langen Leitern wurden die Holme zusätzlich an zwei oder drei Stellen fest miteinander verschraubt. Für die Sicherheit der baumhohen Leitern war jedenfalls jeder Leiterbesitzer selber verantwortlich. Ein Sturz von einer maroden Leiter galt als selbstverschuldetes Malheur. Gegen Unfälle oder Krankheiten war man als Selbständiger ja nicht versichert.

Die Leitern wurden, sorgsam balanciert, auf die entfernten Obstgrundstücke getragen, die Holme auf beiden Achseln des Trägers und den Kopf zwischen den Sprossen. Beim Gehen musste der Leiterträger die langen Schwingungen der Holme ausgleichen und darauf achten, dass die Enden nicht auf den Boden stießen. Das erforderte einen ganz besonderen, wiegenden Gang. Bei der ausgiebigen Kirschenernte, bei der die ganze Familie beteiligt war, wurden aber gelegentlich auch Bündel von drei oder vier Leitern zusammengeschnürt. Die kürzeste unten, die längste oben liegend, um das Wippen zu minimieren, schob man sie auf einem zweirädrigen Karren, der sogenannten *Schloife,* die holprigen Wege entlang und in die Obstwiesen hinauf. Zur Ausrüstung gehörten auch die *Kirschahôka* und die *Kirschagrätta* mit der *Heftgurtla.* Dazu brauchte man noch Spankörbe, jeder groß genug für zwanzig Pfund Kirschen. Ehe die Spankörbe aufkamen, wurden die deutlich größeren *Kirschazorna* zum Kirschenpflücken mitgenommen.

Unter dem Kirschbaum angekommen, wurde(n) die Leiter(n) zuerst auf den Boden gelegt. Wir Kinder mussten uns auf die unterste Sprosse stellen und uns an den Holmen festhalten; der Vater hob das andere Ende der Leiter hoch. Hand unter Hand richtete er die Leiter auf und drückte deren Spitze immer steiler in den Himmel, während wir uns als Gegengewicht auf der unteren Sprosse fest einstemmten, damit die am unteren Ende zugespitzten Holme nicht aus dem Grasboden glitten und hochschnellten. Schließlich stand die Leiter senkrecht und musste nun so an den Baum gelehnt werden, dass sie sicher

Steil und gut gesichert steht die Leiter im Kirschbaum. Die dunkelrote Pracht wird vom Mann in das umgegürtete Kirschagrättle gepflückt.

Unterm Baum ist frisch gemäht. Die Frau verliest die Kirschen auf einem weißen Tuch und trägt die schönen auf ihrem mit einem Bausch gepolsterten Kopf zu Tal.

zu besteigen war und dass man möglichst viele Kirschen erreichen konnte. Zur Sicherheit band der Vater sie mit einem Hanfstrick an einem starken Ast fest, ehe eines der Familienmitglieder hinaufsteigen durfte.

Die Kirschenpflücker hatten inzwischen an den ovalen *Kirschagrätta* die Ledergurte durch den kleinen seitlichen Henkel geschlungen und sich um die Hüfte gegürtet. Mit Kirschenhaken ausgestattet, stiegen sie auf die Leiter und fingen an, auf verschiedenen Höhen zu pflücken. War ein langer, dicht behangener Ast außer Reichweite, so wurde er mit einem Haken herangeholt und mit dessen rückwärtigem Bogen an der Leiter eingehängt.

Zuerst war der Blick nach unten ein wenig beängstigend, aber man gewöhnte sich daran. Kirschen essen durfte man nach Belieben, aber die Steine durften um keinen Preis ins *Kirschagrättle* gelangen. Allerdings wurden zu Anfang die meisten Kirschen samt dem Stein verschluckt, bis man zur Erkenntnis kam, dass das Fassungsvermögen des Magens viel größer war, wenn man die Steine in hohem Bogen ausspuckte.

Zwischen den Blättern und den Kirschen in der Krone des Kirschbaums flogen allerlei Mücken herum, setzten sich auf Mund und Augen und gerieten auch in die Nase. Da man eine Hand zum Festhalten und die andere Hand zum Kirschenpflücken brauchte, war dies nicht nur lästig und unangenehm, sondern richtig gefährlich da oben auf der Leiter. Deshalb steckte sich der Vater, der sich gewöhnlich strikt als Nichtraucher bekannte, bisweilen in luftiger Höhe eine Zigarre an. Die hatte er irgendwann einmal von einem *Wei'herra* für einen außergewöhnlich guten Tropfen oder einen besonders geglückten Handel geschenkt bekommen. Die Zigarre hatte seitdem in seiner *Sockaschublade* auf ihre Stunde gewartet. Für uns Kinder war es ein ungewohnter, geradezu feierlicher Anblick, der uns zu denken gab: der Vater als Herr mit Zigarre. Und der exotische Duft des rauchenden Nichtrauchers im Kirschbaum wirkte noch lange nach.

Unten auf der Erde waren alle abgefallenen Kirschen aufgelesen worden, und ein großes Grastuch wurde auf dem freien, »abgeheuten« Grasplatz ausgebreitet. Darauf wurden die vollen *Kirschagrätta* ausgeleert. Die Mutter (und wer sonst noch Zeit hatte) setzte sich dazu, um die Kirschen zu *verleasa.* Es durften keine fauligen oder aufgesprungenen Kirschen, keine *Wassersäckla* oder unreifen Früchte in den Korb für den Verkauf. Auch die hier und dort noch anhaftenden Reste der Blüte, jetzt braun und dürr, wurden dabei entfernt.

Manchmal kam bei der Kirschenernte ein Regen oder ein Gewitter dazwischen. Solange dann das Laub nass war, durften keine Kirschen gepflückt werden – das schade den Bäumen. Regnete es aber längere Zeit, so platzten die Kirschen auf. Das war gut für unseren Wintervorrat, aber nicht für den Verkauf. Die *Ufg'schprongene* kamen in die Einmachgläser, aber zu *de Guete* durften sie nicht getan werden.

Und noch eine Regel: Die Kirschen mussten mit den Stielen gepflückt werden. Ohne Stiele *zopfa* (»haschtig wia d' Vögel«) durfte man sie nur, wenn man die kleinen herben Wildkirschen für Kirschenkuchen brauchte, oder fürs *Fässle.* Diese Regel drückte sich auch in einem feinen sprachlichen Unterschied aus: *Kirscha ra:doa* bedeutete, sie sorgsam mit den Stielen zu pflücken, *Kirscha zopfa* hieß, die Stiele am Baum zu lassen. Im *Fässle* wurden die minderwertigen Kirschen vergoren und im Winter zu Kirschengeist gebrannt.

Die meisten Kirschen wurden auf dem Kopf der Frauen, abgepolstert durch einen ringförmigen *Bausch,* nach Hause getragen. Die empfindlichen Früchte durften nämlich, ob im leichteren Spankorb oder im schwereren Weidenkorb, auf den steinigen Wegen nicht *durchg'schottlet* werden, sonst wurden sie »verdorben« und platzten auf. Gelegentlich beteiligten sich Männer mit dem *Greaba,* dem offenen Weidentraggestell, an der Fracht. Zur Erleichterung gab es immerhin die seltene *Gruebbank* am Weg: abgestufte Gerüste aus Stein, auf denen man die Lasten in Kopf-, Schulter- oder Sitzhöhe abstellen konnte. Kinder betrachteten die *Gruebbank* im Übrigen das ganze Jahr über als ideale Einrichtung, um ihre Kletter- und Sprungfähigkeiten zu schulen und zu messen.

Kartoffelkäfer

Inzwischen war der Sommer fortgeschritten, die schweißtreibende Spritzarbeit im Weinberg wurde unentwegt fortgesetzt, auf den Äckern waren die Kartoffeln gehäufelt worden und zeigten erste weiße Blüten. Bei Kartoffelkäferbefall musste man die schwarzgelben Käfer ablesen und die rotorangen Larven an den Blattunterseiten zerquetschen. Es wurde zu jener Zeit das Gerücht verbreitet, die Engländer hätten die Kartoffelkäfer aus Flugzeugen über Deutschland abgeworfen, um damit unsere Ernährungsgrundlage zu zerstören. Tatsache war, dass die geflügelten, kleinen Unholde mit den Westwinden hergeweht wurden, nahrhaftes Kartoffelkraut fanden und sich von Jahr zu Jahr vermehrten. Die oberen Klassen der Schule wurden deshalb, in Begleitung der Lehrer, auf die Kartoffeläcker geschickt, um die gelb-schwarz gestreiften Käferchen aufzuspüren und in Gläsern oder Dosen zu sammeln: ein Naturkundeunterricht von sehr praktischer und eindrucksvoller Art. Gleichzeitig wurde der Ehrgeiz der Schüler ausgenutzt, denn jeder und jede wollte am meisten Krabbeltiere in seinem oder ihrem Gefäß heimtragen. Die befallenen Äcker wurden am Wegrand mit eingesteckten Zweigen gekennzeichnet. Sie sollten ständig beobachtet und abgelesen werden. Mit Spritzmitteln rückte man den gefräßigen Tierchen erst in späteren Jahren zu Leibe.

Hoam zom Kocha

Während des Sommers waren die Arbeitstage sehr lang. Auch wenn das Tageslicht zur Feldarbeit kaum ausreichte, musste daneben und danach immer noch die Stall- und Hausarbeit erledigt werden. Für mich hieß es oft: »Gohscht hoam, machscht Fuier ond duascht Ebira ane. No schaffscht de Kleine ens Bett.« Damit war für mich der Arbeitstag auf dem Feld zu Ende, und was jetzt kam, machte mir mehr Vergnügen. Zuerst holte ich im Rübenkeller die Kartoffeln. Um diese Jahreszeit hatten sie lange, bleiche Seile getrieben, die man *a:brockla* musste. Dann wurden sie sauber gewaschen und in den *Ebirahafa* geworfen. Ich durfte nicht vergessen, dass reichlich Wasser im Hafen sein musste. *A'brennte Ebira* ließen sich nicht verheimlichen. Sie verbreiteten einen fürchterlichen Gestank im ganzen Haus.

Nun wurde im Küchenherd Feuer gemacht: Die *Reabschteckla,* seit dem Frühjahr auf dem Dachboden gestapelt und in der Küche im Holzkasten bereitgehalten, wurden zerbrochen und auf den Rost geschichtet. Obendrauf legte ich ein paar kleingehackte *Pfähla* oder dünne *Holzscheitla.* Zuletzt zerknüllte ich Papier und schob es unter die *Reabschteckla.* Mit einem Streichholz zündete ich das Papier an und freute mich, wenn das Feuer das dickere Holz ohne Rauch, mit heller Flamme, ergriff. War der Wind ungünstig, so drückte er dicken, grauen Rauch aus allen Fugen des Herds in die Küche. Am Abend aber geschah das selten.

Die Herdplatte hatte drei »Löcher«, jedes war mit mehreren ineinander gelagerten Ringen den verschieden großen *Häfa* anzupassen. Die Ringe packte man mit einem Haken oder einer Zange, sonst bekam man schwarze Finger. Hinten in die Herdplatte eingesenkt war das rechteckige »Wasserschiff« mit dem silbern glänzenden Deckel. Es fasste etwa vier Liter Wasser und musste vollgefüllt werden, denn wenn es leer erhitzt wurde, fing es nach einiger Zeit an zu knistern und dann zu stinken: Der Kalksinter platzte ab, der Boden und die Wände begannen zu glühen. Wenn man beim Knistern Wasser hineingoss, so zischte es, und bröcklige Schalen von Kalk lösten sich von den Wänden. Von Zeit zu Zeit wurde das Schiff herausgehoben, geleert und innen und außen abgeklopft. Innen wurde der Kalkstein entfernt und außen der Ruß. In der Folge wurde eine Zeitlang das Wasser schneller heiß, bis die Kalk- und Rußschichten wieder dick angelagert waren.

In das hintere Loch auf dem Herd wurde der *Suppahafa* mit Wasser für die Brot-

Hausfrau am Holzherd: Pfannen, Töpfe und Wasserschiff stehen auf Eisenringen, durch die zur Not auch mal nachgeschürt werden kann.

suppe »gehenkt«. Ins vordere Loch kam der *Ebirahafa* mit den vorbereiteten Kartoffeln, und ins dritte, seitliche Loch vor dem Wasserschiff der *Weschleshafa* mit Wasser für die abendliche Wäsche. Vor allem die Barfüße der Kinder mussten warm gewaschen werden, ehe sie ins Bett gingen.

Zur Brotsuppe wurden zumeist altbackene *Ribela* kleingeschnitten. Wenn es aber die nicht gab, schnitt man die *Brotschnietla* auch von einem frischen Laib. Sie wurden unter Zutat von Salz in das Wasser des Suppenhafens geschüttet, und einmal aufgekocht. Verfeinert wurde die abendliche Suppe entweder mit Sauerrahm, dann war es *Raosupp.* Oder sie wurde »geschmälzt« mit angebräunten Zwiebeln oder mit gerösteten Brotwürfeln, dann war es *g'schmälzte Supp.* Besonders beliebt war die Brotsuppe, die nach dem Schlachten mit *Wurschtbrieha* gekocht wurde, aber naturgemäß nur selten auf dem Tisch stand.

An den langen Sommerabenden wurde ich beauftragt, den Kleinen einen Grießbrei zu kochen. Sie brauchten dann nicht bis zum allgemeinen *Ôbedessa* (mit *Brotsupp, Ebira ond g'schtandener Milch*) zu warten und waren dann schon im Bett, wenn die Mutter vom Stall und der Vater und die großen Buben von draußen hereinkamen.

In der *Breschtlingszeit* aber ging es, nach unserer Meinung, besonders fürstlich zu. Da gab es *Breschtling ond g'schtandena Milch,* einen Löffel Zucker drüber und ein Stück Brot dazu. Es waren die kleinen, angefressenen, anbrüchigen und nun säuberlich ausgeschnittenen Beeren, die für diese Köstlichkeit zur Verfügung standen.

Überhaupt waren es schon von alters her die zweit- oder drittklassigen Früchte, die wir selber aßen oder für den Winter konservierten. Trotz ihrer minderwertigen Erscheinung waren sie zumeist die reifsten und süßesten. Anbrüchige Erdbeeren, aufgesprungene Kirschen oder ausgeschnittene Äpfel wurden zu *G'sälz* gekocht, eingedünstet, zu Kuchen, Kompott oder Apfelbrei verarbeitet. Und so kamen wir uns dabei ganz und gar nicht benachteiligt vor. Im Gegenteil: Wenn die Tante Rikele mit einer Backschüssel voll ausgeschnittener Äpfel ankam, gab es zum Mittagessen eine große Schüssel voll Apfelbrei mit Dampfnudeln oder Waffeln. Manchmal meinte die Mutter zwar, gewissermaßen unter vorgehaltener Hand: »Worom miaßet denn die Äpfel z'airschta faulig weara? Mir dätet's au o'ausg'schnitta nemma!« Aber immerhin machte sich die Tante Rikele die Mühe und schnitt das Faulige weg, ehe sie uns die Äpfel brachte.

's Gärtle

Im hochsommerlichen Garten neben dem Haus wuchsen in bescheidenem Umfang vor allem für den schnellen Küchengebrauch Salat, Tomaten, rote Träuble und Brombeeren, aber auch Zierpflanzen für Blumensträuße. Gelbe, dicke Pflaumen an der Straße streuten ihre Früchte auf die Erde und zwischen die Blumen, und wenn man sie auflas, musste man aufpassen, dass man nichts zertrampelte. Bühlerzwetschgen blauten schon, aber die herabgefallenen waren noch wurmig und sauer. Die *Goißhirtles*-Birnen reiften auch schon.

Es war hauptsächlich die *Dote*, die den Garten besorgte. Manchmal halfen wir Kinder und auch die Mutter dabei. Aber die Hauptmenge an Gemüse, Gurken und Tomaten, der Kohl, das Kraut und die Bohnen für die zahlreichen Münder unserer großen Fa-

Im Wengert ist jeder Quadratmeter kostbar, denn Ackerfeld ist knapp. Hier wird in einem brachliegenden Gaiern Korn geerntet, mit Haberrechen und Sichel.

milie wuchs in den *Ländla,* den hausnahen Äckern, oder auf den *Häuptla,* unterhalb der aus Erde »angehäufelten« Querrinnen in den Weinbergen. Der Ertrag diente nicht nur der unmittelbaren Selbstversorgung der vielköpfigen Familie, sondern es musste auch ein reichlicher Wintervorrat geschaffen werden. Überdies sollte aus dem an die örtlichen »Sammelstellen« verkauften Ablieferungs-Soll beizeiten etwas Geld hereinkommen, denn das Jahr bis zum Herbst- oder Weingeld war lang.

Träubla

In der *Buehalda,* dem entferntesten Wengert, hatten die Eltern im unteren, weniger sonnigen Teil statt Weinstöcken Beerensträucher angelegt. In der Klinge darunter lief ein schwaches *Wässerle,* das es aber in vielen, vielen Schneeschmelzen und Sturzbächen von Gewitterregen geschafft hatte, eine tiefe Schlucht in das Keuperland zu graben. Zu beiden Seiten des Bächleins stieg das Gelände steil an. Die Schlucht war gerodet, aber die unteren Steilhänge der Talkerbe trugen außer einem dürftigen Apfelbäumchen nur Futtergras, das zweimal im Jahr gemäht und über einen steilen Zickzack-Trampelpfad nach oben getragen wurde.

Auf der ersten Verflachung wuchsen die Johannisbeeren. Die *frühe roate Träubla,* die *schwarze Träubla* und die *späte roate Träubla* (auch *Franzosa* genannt) reiften im Juli und August. Dazwischen standen Sträucher mit frühen, gelben, und späten, roten Stachelbeeren, leicht überschattet vom schütteren Laub des einen oder anderen Bäumchens mit spät reifenden Weinbergpfirsichen, die zum Essen ziemlich herb, aber als Kompott im Winter durchaus köstlich waren. Die späten, roten Stachelbeeren kamen kaum jemals zu voller Reife. Sie wurden in halbreifem Zustand gepflückt, zu *Stachelbeerg'sälz* verarbeitet oder eingedünstet. Die gelben Stachelbeeren wurden hingegen sofort verzehrt, frisch, auf Kuchen oder als Kompott.

Die *Träublesernte* war eine lustige und gesellige Angelegenheit. Man saß auf dem trockenen Boden auf einem Sackpolster, holte Zug um Zug die voll behängten Zweige zu sich heran, zwickte mit dem Daumennagel ein Büschel *Träubla* um das andere ab und warf sie in das *Spa'körble,* das zur Seite stand – kein Wunder, dass nach dieser Art des Erntens die Daumennägel nur noch kurz waren. Bei der ruhigen, sitzenden Arbeit im

Schatten der Büsche war aber Gelegenheit zum *Schwätza,* zum Singen, für Ernst und für Scherz wie bei kaum einer anderen Tätigkeit im Freien: eine Besinnungspause im sonst so rastlosen Sommergetriebe. Aber auch wenn man mich allein *en d' Träubla* geschickt hat, gehörte es zu meiner besten Unterhaltung, den Gesprächen der Frauen in den benachbarten *Schtickla* zu lauschen, die derselben Arbeit oblagen.

In den Kriegsjahren kamen oft Leute aus *dr Stadt,* um *Träubla* zu holen. Da die Johannisbeeren nicht der Kriegswirtschaft unterstanden, war es nicht nur relativ leicht, sie zu bekommen, sondern auch verhältnismäßig sicher, sie heimzubringen. Erdbeeren und Kirschen konnten hingegen, waren sie »schwarz« gekauft, noch auf der Bahn amtlich konfisziert werden. – Eines Tages regnete es und wir gingen nicht *en d' Träubla.* Da kam eine Frau aus Stuttgart. Sie war schon einmal dagewesen und hatte in der Buchhalde Träuble bekommen. Aber heute, bei dem Regen …? Sie bat um die Erlaubnis, selbst hinauszugehen und sich zu bedienen, sie finde das schon, und gegen den Regen hätte sie ihren Regenmantel. Nun, die Mutter gab ihren Bitten nach, und die Frau ging los. Aber die Mutter hatte kein gutes Gefühl. Was wäre, wenn sie in die falsche Buchhalde ginge und bei anderen Leuten ihre *Träubla* holte? Schließlich schickte sie mich mit dem Schirm hinterher – es hatte ein wenig nachgelassen zu regnen. Doch wirklich, die Frau hatte die richtige Stelle gefunden und ihre *G'schirrla* fast voll gepflückt. Ich half ihr noch ein wenig, und befriedigt, wenn auch ziemlich feucht, kehrten wir zusammen heim.

Träubla wurden bei uns zu *G'sälz* gekocht, die schwarzen wie die roten, denn wir brauchten über den Winter große Häfen voll davon. Auch Saft wurde hergestellt, allerdings noch auf sehr umständliche Weise, denn es gab noch keinen Dampf-Entsafter: Die Beeren wurden gewaschen, sodann samt den Kämmen mit etwas Wasser aufgekocht und mit einem großen Rührlöffel ein wenig gequetscht. Dieser Beerenbrei wurde in einen Nesselsack geschüttet, mit einer genügend großen Schüssel darunter. Dann wurde der Sack zugebunden und aufgehängt, so dass der Saft ablaufen konnte. Stundenlang hing er da, wurde auch einige Male geknetet, so dass wieder ein stärkerer Strahl Saft herausfloss. Schließlich, wenn nichts mehr kam, wurden die Trester auf die *Mischte* oder in den *Kuahkiebel* geschüttet. Der Saft wurde dann mit Zucker erhitzt und in Flaschen gefüllt. Auf jede Flasche wurde ein Korken gesetzt und mit einer Bindfadenschlinge befestigt. In einem Kächele war Kerzenwachs heißgemacht worden. Darein wurden die Flaschen, kopfüber mit dem Korken voraus, getunkt, so dass nun eine glatte Wachsschicht Schnur, Korken und den oberen Teil des Flaschenhalses überzog. Damit war der konzentrierte Saft in der Flasche luftdicht abgeschlossen und am Gären gehindert, bis wir ihn im Winter, mit *Hahnawasser* verdünnt, zum *Sonntigveschper* genossen. Auf ähnliche Weise wurde später im Jahr auch Süßmost haltbar gemacht.

D' Ernt

Nun kam die Kornernte heran, die wieder alle verfügbaren Hände brauchte, denn auch die Erntearbeit war Handarbeit. Das allermeiste Getreide wurde mit der Sichel geschnitten. Nur selten, wenn das Korn gleichmäßig gut stand und nicht schon bei Wind und Wetter gekippt oder gefallen war, benutzte der Vater den *Haberrecha*. Das war eine besondere Sense, die mit einem senkrechten, am hinteren Ende der Schnittfläche fest montierten Schirm das gemähte Korn vor dem rückwärtigen Umfallen bewahrte, so dass es sanft und schräg gegen die noch stehenden Halme zu lehnen kam. Mit Sicheln wurde dann von Frauen und Kindern das Korn sorgsam, einen Arm voll nach dem andern, aufgesammelt und bei beständigem Wetter auf *d' Schproite* gelegt. Alle Ähren der zum Trocknen ausgebreiteten Häufchen wiesen ordentlich in eine Richtung. Bei plötzlich eintretendem schlechten Wetter wurden die einzelnen Getreidebüschel eilends mit einer Handvoll Strohhalme zusammengerafft und

Büschelweise legt die freundliche Schnitterin mit ihrer Sichel den Weizen, den der Vater soeben mit seinem Haberrechen gemäht hat, auf »Spreite«.

in Reihen luftiger *Böckla* zum Trocknen aufgestellt. Mit dem Binden der Garben wartete man jedenfalls auf einen trockenen und heißen Tag. Eines der Kinder bekam ein Bündel *Garbeschtrickla* um den Nacken und den Auftrag, die *Schtrickla* zu legen. Sie hatten einen hölzernen Knebel, bunt eingefärbt, an einem Ende, und einen Knoten am anderen. Die Knebel mussten immer, bergab weisend, in der gleichen Richtung gelegt werden, so dass der Garbenbinder seine Arbeit schnell und geschickt tun konnte. Nun wurden die Getreideschübel »angetragen«, das heißt, büschelweise vom Boden aufgehoben, säuberlich zusammengefasst und auf das *Garbestrickle* gelegt. War die Garbe dick genug, so kam der *Bender,* fasste den Knebel mit der Linken, schlang das Ende mit dem Knoten fest darum herum und zog eine Schlaufe unter dem Ende mit dem Knebel durch. Dieser

Bei schlechtem Wetter wurden die Getreidebüschel eilends gebunden und zu Böckla aufgestellt. So konnten sie unbeschadet ein Gewitter überdauern.

Verschluss war haltbar und doch später in der Eile des Dreschens leicht zu lösen.

In den Heuwagen – nun als Garbenwagen verkleidet – waren große, saubere weiße Tücher gespannt worden, damit die ausfallenden Körner des trockenen Korns nicht auf den Wegen verloren gingen, sondern für die Brotnahrung gerettet waren. Die Garben galt es so aufzuladen, dass die Ähren allesamt zur Mitte des Wagens zeigten.

Die ersten Garbenwagen wurden zuhause in die Scheune gefahren, die Garben vorsichtig am *Lottersoil* auf die oberste, die *Kornbehne,* gezogen. Das Lotterseil lief über ein Rad, das am Firstbalken unter dem Dach aufgehängt war. Im endlos zusammengefügten Ring des Lotterseils war ein starker Haken eingeflochten, der frei beweglich war. Jede Garbe wurde in das Seil gelegt, dann der Haken über der Garbe um den anderen Zug des Seils gehängt, so dass sich im Schwebezustand das Seil als sanfte Schlinge um die Garbe zog. Eine Person stand oben am Garbenloch, eine andere auf dem Garbenwagen. Die Letztere hängte die Garben ein und zog sie hoch. Wenn sie oben angekommen war, kam von dort der Ruf »Henk!«, und der Zug von unten hörte auf. Die Person oben zog die Garbe zu sich her, löste den Haken, worauf das Seil wieder frei durchhing, und lagerte dann die Garbe sanft auf dem Boden. So wurde Garbe auf Garbe gestapelt und Fuhre um Fuhre eingefahren. Zwischendurch bestellte der Vater die Dreschmaschine. Die stand stationär in einem Schuppen am unteren Ortsende und wurde vom »Drescher-Fritz« instand gehalten und verwaltet. Bei ihm musste man anfragen, wann die Dreschmaschine frei war, und je nach Anzahl der gemeldeten Garben teilte der Drescher-Fritz die Zeit zu.

Die letzten Fuhren wurden dann nicht mehr abgeladen. Sie blieben auf den Garbenwagen. Für die Garben auf der *Behne* musste man sich am Dreschtermin zusätzliche Wagen *vertleina,* zum Beispiel beim Gottlobvetter, der wiederum unsere Wagen auslieh, wenn er dran war, sein Korn zu dreschen.

Beim Dreschen wurden wieder viele Hände gebraucht. Meist war es der Vater, der hoch unterm Dach des Dresch-Schuppens auf dem elektrischen Ungeheuer von Dreschmaschine stand und das Korn »einlegte«. Es war die staubigste und hitzigste Arbeit des Sommers. Zwischen allerlei Schwungrädern und Antriebsriemen zog die Dreschmaschine alles in ihr unergründliches, tobendes und rasselndes Inneres hinein, was man ihr da oben in den Schlund legte. Der volle Garbenwagen wurde mit vereinten Kräften in den Dresch-Schuppen geschoben, dicht neben die Dreschmaschine. Der Vater, im Staub kaum zu erkennen, musste nun die ihm vom Leiterwagen zugereichte bzw. hochgegabelte Garbe ergreifen, flink das *Garbestrickle* lösen, dasselbe aus

Nach der Ernte warten die Garbenwagen aufs Dreschen. Da ist das überkragende Kelterndach unweit der Dreschmaschine ein begehrter Wetterschutz.

dem Gefahrenbereich hinausschlenkern und hinunterwerfen, die lose Garbe büschelweise in das gefräßige, breite Maul der Dreschmaschine legen, wo sie, gerüttelt und geschüttelt, unter dem grässlichen, ohrenbetäubenden Heulen des Monstrums alsbald verschwand. Unten stand ein Kind, das die *Garbestrickla* auflas. Dabei half die bunte Färbung der Knebel, die *Strickla* in dem Staub zu finden und sie an der Lattenwand der Hütte geordnet aufzuhängen. An der hinteren Seite der Dreschmaschine waren würdige graue Säcke mit den Namen ihrer Besitzer oder deren Vorfahren an den fruchtführenden Kanälen festgeklammert. Sie fingen die gedroschenen Körner auf und mussten laufend kontrolliert werden, so dass sie sich nicht unversehens lösten oder überflossen. Wenn sie prall und voll waren, konnte der betreffende Kanal kurz vom Drescher-Fritz geschlossen werden. Der *Butza* des Sacks wurde doppelt und fest mit den angenähten Schnüren zugebun-

den. Dann zog der Drescher den schweren, vollen Sack schnell beiseite und lehnte ihn an die Lattenwand des Schuppens. Der Wechsel des Sacks wurde vom Besitzer genau zur Kenntnis genommen, und unverzüglich wurde ein leerer Sack an die inzwischen aufgestaute Kornquelle angeschlossen.

Auf der vorderen Seite der Dreschmaschine drückten die langen Zacken einer spindelförmigen Presse das leergedroschene Stroh gegen eine Schleuse und schoben es ruckweise voran. Automatisch wurde, ebenso plötzlich wie hektisch, das zusammengepresste Stroh von erschreckend fix hantierenden Metallfingern mit zähen Schnüren zusammengezurrt und, nach einigen weiteren Zuckungen und Schüben, als *Schaub* ausgestoßen. Den Kleinen war eingeschärft, dass sie sich vor den Metallfingern des Bindemechanismus besonders in Acht nehmen und sich dort am besten ganz fernhalten sollten. Dies strikt zu beaufsichtigen hatte allerdings niemand die Zeit. Obwohl mannsgroß, waren die ausgeschiedenen Strohschäube kinderleicht, und sie wurden entsprechend von Kindern weggeräumt, auf einen Ablegeplatz vor der Straße. Flugs bauten auch unerschrockene Buben und Mädchen dort aus den quaderförmigen Strohschäuben Häuser und dunkle Höhlen, die sich auf abenteuerliche Weise triumphal ersteigen oder kriechend durchirren ließen, bevor die Strohschäube schließlich auf die leeren und ihrer Tücher entledigten Garbenwägen geladen und nach Hause gefahren wurden.

Neben dem ebenso unheimlichen wie produktiven Ausgang der Strohpresse hatte die Dreschmaschine noch einen Ausgang für die Spreu: ein Rohr, das in hohem Bogen aus dem Hauptgebäude heraus und in einen Nebenschuppen hinein – im verzögerten Rhythmus des Maschinengeheuls – Wolken von Staub und beträchtliche Mengen von losen Spelzen, Grannen und anderen Ährenresten spie. Nur die bedenkenlosesten Kinder wagten sich in den Bereich dieser staubigen Niederschläge, in denen man unversehens und ohne Wasser ertrinken konnte. Aber die Erwachsenen füllten dort gelegentlich ganze Fuhren des leichtgewichtigen Materials in Säcke ein. Denn selbst die biblisch-sprichwörtliche Wertlosigkeit der Spreu wurde von der dörflichen Praxis unterlaufen: Ein Teil der guten Weizenspreu wurde gereinigt, in *Schpreiersäckla* eingefüllt und als Unterlagen in die Betten der Kinder gelegt, die verlässlich trocken waren. Weich und warm lag es sich auf einem *Schpreiersack,* weit besser als auf »Welschkornfedern«. Ein weiterer Teil der Spreu wurde als Futterbeimengungen benötigt, bevor der Rest schließlich (zumal die Grannen von Gerste, Hafer und Roggen), vom Wetter durchnässt, als Dünger auf den Feldern landete.

Im Dresch-Schuppen: Von oben wird die Dreschmaschine mit Garben gefüttert. Hinten füllen sich die Kornsäcke, vorn schieben sich Strohballen ans Licht.

Für uns Kinder wurde zwischen der Ernte und dem Dreschen noch eine angeblich wichtige, aber ach, so unerfreuliche Arbeit eingeschoben: das Ährenlesen. Obwohl wir den ganzen Sommer über barfuß gelaufen waren und nur ungern unsere Füße am Sonntag in die Schuhe zwängten – zum Ährenlesen zogen wir dann doch Schuhe an, denn die harten *Schtupfela* konnten selbst unseren lederartigen Fußsohlen schmerzhafte Wunden zufügen. Zwar erzählte man uns, dass Schäfer und Schäferinnen in Markgröningen barfuß über Stoppelfelder rannten, um Schäferkönig oder Schäferkönigin zu werden, aber von solchem Heroismus kamen wir nach einigen Versuchen ab, zumal uns weder Schafbock noch Krone winkten.

Das Ährenlesen war aber auch insofern frustrierend, als wir es nie zur vollen Zufriedenheit des Vaters fertigbrachten. Immer fand er beim Umgraben des Ackers noch eine Handvoll »schöner« Ähren, die wir liegen gelassen hatten. Vielleicht wollte er uns auch nur *rätza,* aber ich nahm es immer als

Tadel, als Beweis meiner Unfähigkeit, eine Arbeit *aggrat* zu tun. Auch hielten wir (nachdem der Acker schon abgerecht worden war) unsere Ausbeute beim Ährenlesen für lächerlich, gemessen am Garbenwagen, den wir auf dem Acker begleitet hatten. Und dass dies ein getreuer Dienst an Gottes guten Gaben war, mochten wir vollends nicht mehr einsehen, als wir entdecken, dass es ärmere Leute gab als uns, die aber keine Ähren auflasen.

Nach der Ernte wurde der Acker »gestürzt«, das heißt gehackt oder »geschort«, dadurch verwandelten sich die Wurzelstöcke des Korns schneller zu Dung. Auf einigen Feldern wurde als Nachfrucht Senf gesät für das Vieh, andere wurden brach liegen gelassen oder für die Wintersaat vorbereitet. Einmal, als die Ernte besonders früh war, steckte die Mutter Ende Juli in der Weilerwiese noch Buschbohnen, die bis zum Eintritt des ersten Frostes noch manche *Kochetsa* grüner Bohnen trugen. So wurde alles genutzt, um auf kleinem Besitz eine große Familie zu ernähren. In den kargen Kriegs- und Nachkriegszeiten brachte es die Mutter sogar fertig, anderen, notleidenden Menschen (einschließlich solchen Leuten, die »nicht waren wie wir«) davon abzugeben, ohne dass wir Kinder Mangel litten.

D' Wesch

Alle vierzehn Tage, sommers wie winters, war Große Wäsche angesagt, neben den häufigeren *Weschla* für das Kleinkind. Das war zu jener Zeit nicht nur eine jeweils den ganzen Haushalt bewegende Angelegenheit, sondern auch eine anstrengende Arbeit, die allein von den Frauen zu leisten war. Und dieses Unternehmen war zudem das ganze Jahr über von der Unsicherheit des Wetters überschattet. Sommers trocknete jedenfalls die *Wesch* am besten. Da hatte man Platz im Freien.

Am Samstag wurde ein Teil der Betten frisch überzogen. Die abgezogene Bettwäsche wurde gleich in die Waschküche getragen und in einen Zuber gelegt. Wir hatten *Holzzüber* und verzinkte Bottiche. Nach dem Bad am Samstagabend kam die Leibwäsche aller Familienmitglieder dazu, außerdem Geschirr-, Hand- und Badetücher. Im Winter fielen auch die weißen oder geblümten Bettkittel der Frauen an.

Am Sonntagabend wurde schließlich der große, tonnenförmig geflochtene *Weschkorb* in die Waschküche geschafft und ausgeleert. Zwei große *Züber* wurden mit Wasser gefüllt. Da hinein wurde die Wäsche verlesen: Die Weißwäsche – Leintücher, Damastbezüge der Eltern, Sonntagshemden des Vaters und die Unterwäsche – wurden in den einen Zuber gedrückt; die bunten Bettbezüge der Kinder, die Werktagshemden des Vaters, die Schürzen und die Kleider in den anderen. Dazu kam Bleichsoda als Einweichmittel. Strümpfe, Socken, Wollsachen, Arbeitshosen und Schaffschürzen hingegen wurden auf die Seite gelegt. Die wurden später bearbeitet.

Als wichtiges Hilfsinstrument bei der Wäsche hatten wir den *Schtampfer*. Das war eine an einem langen Stiel befestigte Messingglocke, in die eine durchlöcherte Messingschale beweglich so eingelassen war, dass sie, wenn man sie auf die Wäsche drückte, Wasser und Luft herauspresste und gleichzeitig die Wäscheteile aneinander rieb. Mit diesem Gerät konnte schon ein Teil des Schmutzes entfernt werden, ohne dass die Hände durch Wasser und Waschmittel in Mitleidenschaft gezogen wurden.

Bild gegenüberliegende Seite: Waschtag. Der dampfende Waschkessel, Brühe in Bottichen und Zubern, mit Wäschepresse sowie drei Wäscherinnen – ein seltenes Bild, das in diesem Fall aus Stammheim (um 1930) stammt, in Schnait aber ganz ähnlich hätte fotografiert werden können.

Am Montagmorgen füllte die Mutter, ehe sie in den Stall ging, den Waschkessel, nach Möglichkeit mit weichem Regenwasser aus der Wassertonne unter der Dachrinne. Dann zündete sie das Feuer unter dem Kessel an. Die eingeweichte Weißwäsche wurde aus ihrem Zuber gezogen, *ausg'wonda* und in den Kessel gelegt. Dazu schüttete sie ein Päckchen Waschmittel. Sie hatte die Wahl zwischen »Henko« oder »Sil«. Auf dem Markt war auch »Persil«, aber das war uns zu teuer und zu scharf. Überdies wurde diesem Waschmittel nachgesagt, dass es die Gewebe »vor der Zeit« zerstöre, und das konnten wir selber auch schon ohne Mittel ganz gut. »Nach zehn Jahren Gebrauch sollte man sich eine neue Aussteuer anschaffen«, meinte die Mutter einmal, denn die industrielle Qualität der Zwischenkriegsjahre erschien ihr nicht mehr so robust wie in der »guten alten Zeit«. Zu *Ahnes* Zeiten hatte die Aussteuer aus »Selbstgesponnenem« noch als schier unverwüstlich gegolten.

Und nun wurden obendrein auch noch die Waschmittel so rar und die Seifen so rau, dass die Mutter dazu überging, Seifenlauge selbst herzustellen, wann immer es ging. Dazu füllte sie eine alte *Kisseziecha*, also einen Kissenbezug, mit Holzasche und hängte sie am Vortag in das Regenfass. Am Waschtag war die Asche zu einem grauen, schmierigen Brei geworden; das Wasser im Regenfass fühlte sich seifig an und bildete einen leichten Schaum. Es war ein Notbehelf, aber die Wäsche war danach wieder sauber und frisch, besonders wenn sie von Sonne und Wind getrocknet war.

Wenn Mutter mit dem Stall fertig war, die Kühe gemolken und gefüttert hatte, war die

Weißwäsche am Kochen. Mit einer hölzernen Wäschezange wurde sie in einen Waschzuber gezogen, der auf einem etwa hüfthohen, hölzernen Bock stand. Die Waschbrühe wurde darübergeschüttet und der Kessel mit frischem Wasser gefüllt. Noch einmal das Feuer geschürt, dann konnte die Mutter zum *Morgaessa* gehen.

Inzwischen war die Kochwäsche etwas abgekühlt. Nun wurden die Wäschestücke einzeln durchgerieben. Mutter legte Wert darauf, dass die Textilien nicht auf den Händen gerieben wurden, sondern eine Stoffschicht auf der anderen. Bei jedem Wäschestück kannte man die besonders verschmutzten Stellen und ließ denen eine besonders gründliche Behandlung angedeihen.

Die gewaschenen Stücke wurden dann *ausg'wonda,* aufgeschüttelt und lose in einen leeren Zuber gelegt. Ein Stück ums andere kam dazu, bis die ganze Weißwäsche gewaschen war. Dann wurde die Buntwäsche in die noch warme Seifenlauge gelegt. Im Kessel kochte inzwischen das Wasser. Es wurde mit einem Eimer über die Weißwäsche gegossen. (Später, als wir einen neuen Waschkessel mit Wassermantel hatten, wurde die Arbeit einfacher, der Holzverbrauch geringer und auch der Waschtag ein wenig verkürzt.)

Die Buntwäsche wurde der gleichen Behandlung unterzogen wie zuvor die Weißwäsche. Sie wurde nach dem Durchreiben im ersten Waschgang in den nun leeren Bottich gelegt, in dem sie eingeweicht worden war.

Nach der Buntwäsche kamen die derbsten und schmutzigsten Textilien an die Reihe: Männerhosen von der Feldarbeit und *Wemmesla, Schaffschierz* und Socken wurden in der nun handwarmen Seifenlauge gewaschen.

Mittlerweile hatte sich die angebrühte Weißwäsche so weit abgekühlt, dass sie *ausg'wonda* werden konnte. Sie wurde noch ein zweites und drittes Mal gespült, erst in warmem, dann in kühlem Wasser. Das *Auswenda* der teilweise großen Wäschestücke, Leintücher und Bettbezüge *(Ziecha)* nahm die Handgelenke und die Armmuskeln sehr in Anspruch. Doch trotz aller Anstrengung konnte man sie nicht so fest auswringen, dass sie am Wäscheseil nicht mehr tropften.

Die Weißwäsche lag nun frisch und locker in einem viereckig ausladenden Korb aus geschälten Weiden, der *Weschzorna.* Die Buntwäsche wurde demselben Spülvorgang unterzogen, ebenso die derbe Wäsche. Wenn nun alle Wäschestücke in den Wäschekörben aufs Aufhängen warteten, gönnte sich die Mutter eine Pause. Sie fettete ihre ausgelaugten, schrumplig verwaschenen Hände mit Melkfett ein und setzte sich für eine Viertelstunde aufs Sofa mit einem Buch.

Bei gutem Wetter war das Aufhängen der Wäsche kein Problem. Im Garten steckten die Wäschepfosten. Sie hatten oben Querpflöckchen eingebohrt, an denen das hanfene Wäscheseil festgeschlungen wurde. Das Wäscheseil wurde auf einem Haspel beim Klammersack aufbewahrt, solange es nicht gebraucht wurde. Nun band sich die Mutter den Klammersack um, ergriff die *Weschzorna* bei beiden Henkeln und trug sie in den

Garten. Stück um Stück wurde die Wäsche mit den *Klemmerla* ans Seil gehängt, und zwar jeweils gleichartige Stücke nebeneinander. Auch die Wäsche an der Leine sollte ein ordentliches Bild abgeben. »Hôscht du a scheena weißa Wesch!« lobten die vorübergehenden Hausfrauen.

War aber das Wetter unsicher, so musste die Wäsche auf den *Eberleng* getragen werden, wo schon Seile zum Trocknen gespannt waren. Machte man die beiden gegenüberliegenden *Behnefeaschterla* auf, so fuhr der »Talzug« hindurch, ein ziemlich beständiger Wind, der von Nordwesten nach Südosten wehte. Der blähte die *Ziecha* und trocknete sie. Nur musste man, wenn der Regen von Westen her gegen das Haus klatschte, das westliche Fenster schließen.

Was aber, wenn im Herbst der *Eberleng* vollgehängt war mit *Welschkornkolba* oder *Bainela,* die ebenfalls trocknen sollten? Dann war es gut, dass man freundliche Nachbarinnen hatte. Die »Schwestern« nebenan, die Kinderschwester und die Krankenschwester, verfügten über einen großen Dachraum, die *Schielesbehna,* die selten mit Wäsche vollge-

Wäschetrocknen im Freien – ein alltägliches Motiv, das nicht häufig abgelichtet wurde. Hier hat wohl die Ortsansicht von Schwaikheim für das nötige Interesse gesorgt.

hängt war. Wenn man die beiden fragte, ob man dort die Wäsche aufhängen dürfe, hörte man kein Nein. Der Weg da hinauf war zwar eng und steil, den Weg herunter musste man rückwärts nehmen. Aber wenn die Wäsche so rasch trocken wurde, so war das der Mühe wert.

Noch eine besondere Art von Wäsche sei hier erwähnt, und deren hatten wir ziemlich viel: die Wollwäsche. Da gab es Wollstrümpfe, Wollhöschen für die Kleinen, Wollkleider für die Mädchen, Strick- und Häkeljacken, Wollpullover für die Buben. Diese Sachen (außer den Wollstrümpfen) kamen nicht bei jeder Wäsche vor. Bei ihnen wurden zur Not eventuelle Flecken feucht ausgebürstet. Aber einmal im Frühjahr fand dafür ein eigener Waschtag statt. Da wurde keine Wäsche gekocht, sondern nur warmes Wasser bereitet, zum Waschen und zum Spülen. Und das Waschmittel hieß »Fewa«. Sein heute politisch absolut nicht mehr korrekter Werbesong wurde bemerkenswerterweise als Schlager verbreitet: »Fahr mit den Rollschuhen nach Addis Abeba, da wäscht man dem Negus die Füße mit Fewa, da staunen die Neger und der Negus ist platt, was man in Großdeutschland für ein Waschmittel hat.« Und mit eben diesem großartigen »Fewa« wurden unsere Wollsachen gewaschen, solange man es im mehr oder weniger großen Deutschland noch bekommen konnte.

Die Wäsche war nach alledem trocken, aber noch nicht im Schrank. Bei dem Wäscheberg und der gleichzeitig drängenden Feldarbeit kam es nicht selten vor, dass die Unterwäsche ungebügelt angezogen wurde, dass am Montagmorgen jedes Mädchen nur schnell ein Kleid und eine Schürze gebügelt bekam und sie, noch warm, anzog. Die Bettwäsche wurde glattgezogen, faltenlos ausgestrichen und sorgfältig zusammengelegt. Wenn sie dann wieder aus dem Wäscheschrank geholt wurde, hatte sie zwar keine Bügelfalten, aber sie war, außer den Knickfalten, schön glatt und weich. Kam aber ein Regentag, so wurde die Wäsche pünktlich gebügelt. Wir hatten dazu zwar ein elektrisches Bügeleisen, aber um Strom und damit Geld zu sparen, bügelte die Mutter manchmal auch mit dem alten Kohlebügeleisen. Aus dem Herd nahm sie dazu mit einem *Schäufele* glühende Holzstücke und füllte sie in das schwarze Bügeleisen. Der Deckel wurde zugeklappt und arretiert. Bis die glänzende Stahlsohle heiß war, musste das Gerät auf einem Gitterrost stehen. Beim Bügeln kamen zuerst die derben Kleidungsstücke an die Reihe und erst später die feinen, wenn das Bügeleisen ein wenig abgekühlt war. Wie schön, wenn dann endlich die Wäsche wieder frisch, sauber und ordentlich im Schrank lag – fertig zu neuem Gebrauch.

Herbst

Epfel ond Biera

Unsere Äpfel und Birnen wuchsen zumeist auf den Streuobstwiesen, an den nach Norden und Nordosten abfallenden schattigen Hängen des Tals. Damit das Gras zwischen den Obstbäumen beim Heuen und »Öhmden« trocknen konnte, standen die Bäume weit auseinander. Sie standen, blühten und fruchteten an ihrem Ort, sorgfältig gepflegt, lange Jahre, bis sie altersschwach zusammenbrachen oder mit Stumpf und Stiel herausgenommen wurden, weil sie krank waren.

Vor der Obsternte war das spätsommerliche »Öhmd«, der zweite Grasschnitt des Jahres, in deutlich größerer Gelassenheit als das frühsommerliche Heu gemäht, gewendet, getrocknet, vor schlechtem Wetter auf »Schochen« gerettet und schließlich an einem schönen Tag abgeräumt und nach Hause gefahren worden. Das Öhmdgras war kürzer und weniger ausgiebig als das Heu, aber es duftete oft noch feiner als jenes, und die Kühe schienen es besonders zu mögen.

Damit war auf den Baumwiesen der Platz für das Fallobst frei. Weil das Obst in erster Linie für den *Moscht* gebraucht wurde, trat die Sorte in den Hintergrund. Es wuchsen also allerlei namhafte, aber auch »wilde« Äpfel und Birnen auf den *Boomschtickla.* Da waren die ortstypischen Sorten wie der *Brôchet,* der erst nach allen Frostgefahren im Juni blühte und daher diesen alten Monatsnamen trug. Seine Äpfel waren hell, grünlich-gelb, und sie hielten sich gut, auch über Weihnachten hinaus. Zusammen mit dem ebenfalls späten und lokalen *Riedwiesemer* sorgte er auch in heißen Jahrgängen für Säure im *Moscht,* so dass der nicht frühzeitig »zäh« wurde. Der *Riedwiesemer* war ein »Wildling«, der sich in den Streuobstwiesen »zurechtgemendelt« und mit der Vögel Hilfe am Wegrain in der Riedwiese unseres Großvaters David Stilz eingenistet hatte. Da der Stammbaum reichlich trug, die Äpfel mit ihrer harten Schale robust waren und im späten Winter auch allmählich schmackhaft wurden, ließen viele Obstbaumbesitzer seine Reiser auf ihre Bäume *emda* und nannten die so umgepfropften Äpfel *Stilza Davids.* Darauf waren wir heimlich durchaus ein bisschen stolz. Vermutlich hatten andere Streuobstsorten (wie der frühreife, saftige und prachtvoll rotbackige Jakob-Fischer-Apfel) ihren Namen auf ähnliche Weise bekommen.

Die Sortenvielfalt des Kernobsts bedeutete nicht nur ein möglichst breit gestreutes Wetterrisiko bei der Blüte, beim Wachstum und bei der Reife. Sie sorgte auch dafür, dass der vergorene Most (samt den für den frischen Genuss wenig tauglichen Süßäpfeln und den »Bittersüßen« sowie den namenlos

Bild vorherige Seite: Der Herbst steht bevor. Vom holprigen, steilen Haubergweg mit seinen alten Wengertmauern geht der Blick hinüber auf bunte Kirschbäume im Hohen Rain.

Die Most- und Weinfässer in einem tiefen, altherrschaftlichen Schnaiter Gewölbekeller haben immer noch manchen guten Tropfen auf Lager.

»Sauren«) geschmacklich ausgewogen und haltbar wurde und dass man in einem guten Jahr von früh bis spät, bestenfalls bis zur nächsten Vegetationsperiode, frisches Obst hatte. Und so war auch die Reihenfolge des Verbrauchs der Äpfel beim Essen, Kochen und Backen geregelt: Die Goldparmänen sollten schon vor Weihnachten »versorgt« sein, während die Boskop, die *Brôchet* und die Gewürzluiken länger vorhalten mussten und die *Riedwiesemer* alias *Stilza Davids* dickhäutig bis zum Frühjahr im Keller warteten. Als kuriose Sonderlinge des Streuobst-Roulettes wuchsen – ausschließlich für uns – auf einem großen Baum im *Guggabronn* die *Zwilleng,* eine eigenwillige Apfelsorte, die Früchte mit zwei Butzen, aber nur einem Stiel und einem symmetrisch ausladenden Fruchtkörper hervorbrachte. Das Paradies bot für uns merkwürdige Varianten.

Zum Most kamen auch die *Moschtbiera,* insbesondere die *Groabiera,* die in ihrer grauen Schale hart und rau waren und deshalb uns Kindern als ungenießbar galten, dazu die *Brôtbiera,* soweit sie nicht zu getrockneten Birnenschnitzen verarbeitet wurden. Auch die *Balmerschbiera,* die wohl auf einen Ahnherrn namens Palmer zurückgingen und nicht in größeren Mengen genießbar waren, wurden dem Most zugeführt. Ehe sie *toigig* (also innen grau und weich) wurden, haben wir sie eingedünstet oder zu Birnenschnitzen getrocknet. Eine außerordentliche Köstlichkeit waren hingegen die Pastorenbirnen, die in der Vorweihnachtszeit gelb, süß und saftig wurden und dann schnell verzehrt sein mussten. Überdies war unser Pastorenbirnbaum im *Guggabronn* ein märchenhaft geschickter Baum: Seine eine Hälfte trug im einen Jahr Früchte, die andere im anderen, so dass wir jedes Jahr den Genuss hatten und sogar noch davon verschenken konnten.

Im September meldete sich die Obsternte damit an, dass mehr und mehr Äpfel und Birnen freiwillig von den Bäumen fielen. Zuerst waren sie zumeist faulig oder wurmig, aber allmählich fielen auch reife und gute Früchte ab. Nun wurden sie zusammengelesen in Körben und dann in Jutesäcke gefüllt. Die Fauligen wurden nahe am Baumstamm auf einen Haufen geworfen.

Da wurde es höchste Zeit, in der *Moschte* hinter der Waschküche die Obstmühle und die *Press,* die *Züber* und die Butten, und im Keller die Fässer herzurichten. Alles wurde gründlich abgewaschen und ausgebürstet.

Ein Kind, zumeist einer der Buben, wurde im Hof oder im Keller in ein Fass gesteckt – aber auch ich hatte ein paarmal die Aufgabe des *Fässle*-Putzens. Das *Fasstürle* war so eng, dass dem Kind geholfen werden musste, hinein- und wieder herauszukommen. Ein Arm und der Kopf gingen voraus, die Schultern und der Leib mit dem anderen Arm und den Beinen folgten. Geschickt musste man sich so strecken und drehen, dass man durch die enge Öffnung schlüpfen konnte. Der Vater half vorsichtig nach. Drinnen stellte man sich auf die Barfüße, so gut es ging. Das niedrige, gewölbte »Dach« des Fasses war leicht zu erreichen. Ins feuchte, sauer nach Hefe riechende Dunkel fiel von oben ein Lichtstrahl durchs Spundloch, und das *Türle* wanderte als bogenförmiger Schatten an den Wänden hoch, wenn der Vater einen tropfenden Kerzenhalter mit zaghaft flackerndem Flämmchen hereinschob. Der Vater reichte die Fassbürste herein. Dann kam ein Eimer voll warmem Wasser, das angenehm um die nackten Füße spielte. Mit dem Wasser galt es nun, die Fassdauben ringsum in waagerechter Streichrichtung sauber zu bürsten, die senkrechten Fassböden ebenfalls von ihrem schmierigen Belag zu befreien und besonders gewissenhaft in den umlaufenden Ovalen der Falze zwischen dem tonnenförmigen Gewölbe und der Vorder- und Hinterwand des Fasses zu schrubben. Von Zeit zu Zeit kamen Anweisungen von außen, wie und wo gebürstet werden sollte. Und zwischendurch leuchtete der Vater auch mit einer Kerze herein, steckte wohl auch seinen Kopf ins Fass, so weit es ging, um den Fortschritt der Reinigung zu betrachten. Das Gefühl, auf engstem Raum eingesperrt zu sein, mischte sich mit dem Triumph, etwas Unersetzliches zu leisten an einer Stelle, die der Vater beim besten Willen nicht erreichen konnte. Wenn alles sauber war, kam der Befehl, »Jetzt heb de!« Und prompt hielt man sich nach allen Seiten fest, und der Vater neigte das Fass nach vorn, um das trübe Schmutzwasser durch das *Türle* nach draußen fließen zu lassen. Dann wurden die Wände mit frischem, warmem Wasser nachgebürstet und das ganze Fass schwungvoll mit einem kleinen Wasserschaff von innen ausgeschwenkt. Die Kleidung war pudelnass, wenn einen der Vater wieder an der Hand ans Tageslicht zog. Nach der Befreiung wurde nochmals der eine oder andere Schwall Wasser durch die Fasstür bugsiert und mit Schwung in die hohe Runde geschüttet. Dann wurde das Mostfass umgewälzt, so dass die Flüssigkeit restlos zur Tür und zum Spundloch herausfließen konnte. In der von der Mutter bereitgestellten Badewanne war man glücklich über die neu gewonnene, wohlriechende Freiheit. Andererseits aber war dies die einzige Arbeit zuhause, für die man ein stolzes Taschengeld von zehn Pfennig kriegte.

In der *Moschte* war inzwischen alles bereit. Die Obstmühle stand so, dass man ungehindert an beiden Seiten an den *Triebeln* drehen konnte. Der *Triebel* auf der einen Seite war exzentrisch an dem großen, gusseisernen Schwungrad mit seinen geschwungenen Speichen angebracht, der andere, am gegenüberliegenden Ende der Achse, war eine dort aufgesteckte, doppelt abgewinkelte Kurbel. Die Achse war rundum mit spiralförmig angeordneten, scharf gezackten Eisenzähnen bestückt. Kein Apfel konnte der gefräßigen Spindel, die sich waagrecht am Grunde des hölzernen Trichters drehte, entkommen. Darunter liefen, auf zwei besonderen Achsen, über Zahnräder unerbittlich mitbewegt, zwei raue Steinwalzen in engem Abstand gegeneinander, welche die von den Eisenzähnen zerstückelten Früchte zerquetschten. Die Zahnräder waren durch Holzgitter geschützt, so dass kein neugieriger oder unvorsichtiger Finger, kein flatternder Zopf und kein Hemd- oder *Wämmesleszipfel*

hineingewickelt werden konnte. Die Steinwalzen blieben im Holzgehäuse der Mühle unerreichbar, aber vor der Eisenzahnspindel wurde man gewarnt. Die Obstmühle stand auf stabilen Holzbeinen von Balkenstärke, und diese ruhten auf zwei breiten Füßen. Vor Beginn des Mahlvorgangs wurde ein Bottich zwischen die beiden Füße platziert. Dann konnte es losgehen.

Oben in den hölzernen Trichter mit seinen vier trapezförmigen Seiten wurde aus Säcken oder Körben das Obst eingeschüttet.

Dann drehten der Vater und der Christianvetter kraftvoll auf beiden Seiten an den *Triebeln.* Die Kinder waren zur Sicherheit auf die mittleren und oberen Stufen der *Holzstiega* gewiesen worden, die von der *Moschte* hinaufführte in die Obergeschosse der Scheune. Dort hatten sie einen trefflichen Überblick über das Geschehen. Sie sahen, wie die Äpfel und Birnen im Trichter der rumpelnden Obstmühle auf- und niederhüpften, sie ahnten, wie die glatten, runden Früchte unversehens im Untergrund von den Eisenzacken gepackt und aufgerissen wurden, sie sahen, wie sie jämmerlich und zerfetzt wieder an der Oberfläche der tanzenden, ungeduldigen Lustbarkeit erschienen, sie erspähten, wie blitzschnell einzelne Trümmer zwischen den Walzen verschwanden, zerquetscht wurden und in den Bottich fielen, wie die heilen Äpfel im Trichter abnahmen, während die zerhackten und verstümmelten Bruchstücke die Oberhand bekamen und schließlich allesamt in dem polternden und schmatzenden Schlund zugrundegingen. Sack um Sack, Korb um Korb wurde in den Trichter geleert, der Bottich wurde voll bis zum Rand mit gemahlenem Obst.

Daneben war die Presse hergerichtet, um die saftige Maische aufzunehmen. Auf dem massiven Pressblock, der auf dem unteren Träger eines schweren Stahlrahmens ruhte, war eine großflächige zentrale Vertiefung, in der sich über Rinnen Flüssigkeit sammeln konnte, welche durch ein Rohr an der einen Ecke des randlichen Holzwalls nach außen abfloss. Am Boden des darauf sitzenden Presskorbs, der mit schweren Eisenreifen die durchlässige Tonne seiner senkrechten Holzstäbe fast lückenlos zusammenhielt, lag ein Holzrost. Das solchermaßen durchlässige Gefäß aus Presskorb und Holzrost war ausgekleidet mit groben Presstüchern aus Sackleinen. Sie überlappten sich auf dem Holzrost, so dass dieser ganz bedeckt war, und sie hingen oben nach allen Seiten über den Rand des Presskorbs. Vor dem Auslaufrohr des Pressblocks stand ein Eimer, und nahe dabei mehrere andere, die nur darauf warteten, das erste volle Gefäß bei Bedarf schnell zu ersetzen.

Die Männer schöpften nun die Maische vom Bottich in den Presskorb. Gespannt schauten die Kinder zu, bis der goldbräunliche Saft in der um den Presskorb laufenden Rinne erschien und durch das Auslaufrohr in den Eimer rann. Zuerst erklang ein helles Plätschern auf dem Eimerboden, das dann zum leiseren Rieseln und Rauschen und schließlich zum dumpfen Brodeln wurde, wenn die Flüssigkeit im Eimer stieg.

Der Presskorb war vollgeschöpft mit Maische. Die Presstücher wurden sorgfältig über die weiche Masse des Inhalts gebreitet. Dann wurden drei Deckbretter nebeneinander da-

Bild gegenüberliegende Seite: In dieser frühzeitig schon elektrisch betriebenen Obstmühle konnte man seine in Säcken herbeigebrachten Äpfel und Birnen zu Maische verwandeln.

raufgelegt, die gemeinsam einen runden Deckel ergaben. Auf die Deckbretter wurden Querbalken geschichtet und obendrauf die *Katz,* ein schwerer, abgeflachter Holzklotz, in dessen Mitte die Form eines Tellers ausgefräst war. Mit jeder Last, die auf den mit Maische gefüllten Presskorb gelegt wurde, schwoll die Menge des Safts, den das Auslaufrohr von sich gab, für eine Weile an und beruhigte sich dann wieder. Von Hand drehte dann der Vater die Spindel herunter, welche in die Mitte der oberen Traverse des Stahlrahmens eingelassen war. Sobald der tellerförmig sich verbreiternde, beweglich gelagerte, untere Teil der Spindel auf die *Katz* und damit letztlich auf die Deckbretter über der Maische drückte, schwoll der Strahl des Saftes an, und es mussten eilig die Eimer gewechselt werden. Durch das Drehen handlicher, senkrechter Hebel auf dem eisernen Teller der Spindel ließ sich eine Zeitlang die Maische leicht zusammenpressen, zumindest, bis sie den Presskorb kompakt ausfüllte. Wenn aber der Widerstand des gemahlenen Obsts stärker wurde, steckte der Vater einen langen Eisenstab in die dafür vorgesehene Halterung auf dem Teller, die mit Hilfe von zwei mechanischen Fingern in einen Zahnkranz eingriff, der mit der Spindel fest verbunden war. Sobald der Teller fest und unverrückbar auf der *Katz* saß, konnte durch ein klickendes und klackendes Hin- und Herbewegen dieses Eisenstabs und seiner Halterung die Spindel weiter und weiter abwärts gedreht werden. Damit verstärkte sich der Druck auf die Maische Zug um Zug. Denn beim Hin- und Herziehen rastete je einer der federnden Eisenfinger unerbittlich in die nächste Zacke des Zahnkranzes ein. Zwei Presser standen sich am Schluss gegenüber und drückten und zogen die Eisenstange mit aller Kraft hin und her.

Der Saft war zunächst schäumend in den Eimer geschossen. Bald war der volle Eimer gegen einen leeren ausgetauscht worden, wobei man mit dem Rand des leeren Eimers den Strahl abfing und den vollen darunter wegzog. Ein Butten stand bereit, den süßen Most aufzunehmen. Wenn der seinerseits voll war, trug ihn einer der Männer hinüber in den Hauskeller. Dort war schon ein ovaler hölzerner Trichter auf das frisch geputzte Mostfass gesetzt worden, mit dem Messingrohr seines Auslaufs im Spundloch des Fasses. Über eine kleine Leiter stieg der *Buttaträger* hoch, neigte den Oberkörper zugleich seitlich und vorwärts, so dass der Most über den Rand des Buttens in den Trichter und in das Fass floss.

Natürlich wollten die auf die Ränge der Treppe in der *Moschte* verwiesenen Kinder den süßen Most auch probieren. Sie mussten sich aber eine Weile gedulden. Der erste *Schuck* durfte es nicht sein. Das sei *Schnecka-*

Bild gegenüberliegende Seite: Aus der handbetriebenen Obstpresse nebenan floss dann der Süßmost in Eimer oder Zuber – und von dort ins Mostfass im heimischen Keller.

wasser erklärte der Vater. Sein Scherz schloss wohl andere Unreinlichkeiten mit ein, die an der Oberfläche des zu pressenden Guts mitschwammen, beim Gärprozess im Fass aber neutralisiert wurden. Doch die Kinder kamen zu ihrem Süßmost, und der war über alle Maßen gut! Da war dann die Warnung wohl angebracht, man solle sich ein bisschen zurückhalten, sonst gäbe es heute Nacht nasse Betten.

War die Presse so angezogen, dass auch nach längerer Pause die vereinten Kräfte der

Männer die Eisenstange nicht mehr bewegen konnten, dann lief auch der Moststrom langsamer, tröpfelte und versiegte. Jetzt war es Zeit zum Nachtessen – *Brotsupp, Ebira ond g'schtandena Milch,* wie immer werktags. Die Kleinen wurden ins Bett gebracht, die Großen durften noch das Ende der Mosterei vorbereiten helfen.

Der Most hatte aufgehört zu fließen, der letzte Eimer war nicht mehr voll geworden. Da wurde der Bottich, in dem die Maische aufgefangen worden war, erneut vor die Presse gezogen. Nachdem die Spindel gelöst, das heißt mit Hilfe des umgedrehten Halterungsmechanismus wieder nach oben geschraubt worden war, erst mühsam, dann zunehmend leichter, nachdem die Holzabdeckung entfernt und die Presstücher aufgefaltet und wieder über den Rand des Presskorbs gezogen worden waren, da wurden an der Seite der Presse zwei lange Hebelschienen nach vorn heruntergedrückt, von deren kurzem Ende der Presskorb auf seine kleinen, seitlich angebrachten Räder gehoben wurde. Auf diesen wurde der Presskorb nun auf den Schienen nach vorn gezogen über den Bottich. Sobald die übereinandergeschlagenen Presstücher auf der Unterseite durch das Gewicht des ausgepressten Obstkuchens auseinandergefaltet waren, plumpsten die Trester in den Bottich. Sie wurden ein wenig aufgelockert und zu unserem Erstaunen mit Wasser angesetzt. Auf Nachfrage erfuhren wir: »Ha, dô ischt no Zucker ond Saft dren. Bis morga hôt sich des em Wasser ufg'laist, nô geit's no maier Moscht.« Beim Wein hingegen werde kein Wasser an die Trester geschüttet, der dürfe partout nicht verwässert werden.

Bis die Obsternte vorbei war, wurde noch einige Male gemostet, denn auch noch beim Obstbrechen fiel so manche Frucht vom Baum. Sogar die unerreichbaren wurden geschüttelt, und alle gefallenen Früchte kamen zum Schluss in die Obstmühle.

Beim Obstbrechen kamen kürzere Leitern zum Einsatz, denn die Apfelbäume waren nicht so hoch wie die Kirschbäume. Auch hier wurden die Leitern gesichert und festgebunden, ehe man sie bestieg. Für die Äpfel band der Vater ein großes, weißes Grastuch mit den *Bändeln* zusammen, schlüpfte mit dem Kopf und dem linken Arm durch, so dass das Grastuch einen Sack bildete, der ihm links am Körper hing und auf der rechten Schulter Halt fand. Mit leichtem Drehen löste er die Stiele der reifen Früchte vom Ast und ließ sie weich in eine der Falten des Tuchsacks gleiten. Sorgfältig vermied er, dass sie gedrückt oder gestoßen wurden (»des geit Môßa, ond nô faulet se«). Wenn der Sack zu schwer wurde, stieg er herab und ließ die Früchte behutsam in eine *Zorna,* einen der selbstgemachten zweihenkligen Weidenkörbe, rollen. Die vollen *Zorna* wurden vorsichtig über holprige

Wege auf der großrädrigen Schleife heimgeführt und im Hauskeller auf einer *Hurda,* einer großen, mit flachen Brettern eingerahmten luftigen Holzkiste gelagert, nach Sorten getrennt. Ein feiner Duft, süß und frisch, durchströmte das ganze Haus.

Die Äpfel in den Hurden wurden von Zeit zu Zeit untersucht, die Fauligen herausgelesen, ausgeschnitten und zu Apfelbrei, Kuchen, *Epfelkiechla* und anderen beliebten Speisen verarbeitet. Und am Abend legten wir manchmal einige Äpfel auf einen emaillierten Teller und stellten ihn auf den Ofen. Bald wurden die Schalen prall und glänzten, färbten sich bräunlich, und dann platzten sie auf. Das weiße Fruchtfleisch quoll schäumend heraus, und der Bratapfelduft erfüllte die Stube. Nun war es höchste Zeit, den Teller vom Ofen zu nehmen. Denn das herausquellende Fruchtfleisch verwandelte sich auf dem Tellerboden sehr schnell in schwarze, stinkende Kohle. Wer aber nun seine *brôtene Epfl* zu schnell in Angriff nahm, konnte sich leicht die Finger und den Mund verbrennen.

Ebira

Die Kartoffelpflanzen auf den *Ebira*-Äckern waren abgestanden und lagen nun schlaff und dürr auf dem Boden. Es war an der Zeit, mit *Karscht, Grätta ond Ebirasäck* zur Tat zu schreiten und die Kartoffeln zu ernten. Das Vorgehen war damals ganz anders als heute: Wir hatten keinen Pflug und keine Kartoffelschleuder. So nahm man sie sich Reihe für Reihe vor. Die dürren Stängel des *Ebirakräutichs* zeigten an, wo die gelben Knollen in der Erde versteckt waren. Also fasste man alle Stängel zusammen, die aus einer »Mitte« kamen und zog an dem Büschel. Einige Kartoffeln hingen an den Wurzeln, die anderen mussten in einem kleinen Umkreis noch im Boden stecken. Folglich hackte man mit dem zweizinkigen *Karschs* vorsichtig, aber beherzt in einem gewissen Abstand von der Mitte in die Erde, in der Hoffnung, dass man keine Knolle anschnitt oder gar aufspießte. Das war zwar nicht ganz zu vermeiden und eigentlich auch nicht schlimm, aber trotzdem unerwünscht.

Da purzelten sie nun heraus, große und kleine Kartoffeln, *knitze,* die angefault waren, *zwiewächse* von oft grotesker Gestalt, und diejenigen, die von den Zinken des Karsts verletzt worden waren. Die großen und mittleren wurden mit den Händen vom gröbsten Dreck befreit und in den Korb geworfen. Die kleinen,

Ebira rausdoa: ***Männer holen mit dem Karst die Kartoffeln aus dem angehäufelten Boden, Frauen und Kinder lesen sie in Körbe und füllen sie in Säcke.***

angefaulten und angeschnittenen warf man hinter sich. Der Rücken und die Arme waren dabei in ständiger Bewegung. Auch an einem kühlen Herbsttag wurde einem nicht kalt.

Wenn der Korb voll war, wurde er in ein *Ebirasäckle* geleert. Bald zeigten die aufgerichteten, vollen Säcke mit ihren stramm zugeschnürten Butzen, die sich überall auf dem Acker erhoben, wie reich die Ernte war. »No, geit's aus?« war der Gruß der Vorübergehenden. Zum Schluss wurden noch die kleinen und angeschnittenen Kartoffeln aufgesammelt, die *Knitze* blieben liegen. Im Lauf des Herbstes wurde die »Ausschussware« an die Hühner und das Schwein verfüttert. Die Stängel und das Unkraut wurden zu Haufen zusammengetragen, und wenn sie dürr genug waren, gab es am Abend ein Kartoffelfeuer, in dessen Glut man zur Probe auch gleich noch ein paar Kartoffeln braten konnte. Die noch halbrohe Knolle im verkohlten Mantel auf dem herbstlichen Feld schien uns

Kindern manchmal besser zu schmecken als zuhause von Tisch und Teller.

Jemand holte dann das Fuhrwerk. Die Säcke und die Körbe wurden im sinkenden Tageslicht aufgeladen, und *zwischa Tag ond gsiehschtnexmai* gelangte man, oft nach Kartoffelfeuer duftend, zuhause an. Die Männer trugen die Säcke in den Rübenkeller und leerten sie im hinteren Teil aus, nach Sorten getrennt.

Rieba ond Rätscha

Nun waren noch die Rüben einzubringen. Der größte Teil der gelb-roten Futterrübe ragte weit aus dem Boden. Als einziges Werkzeug zur Rübenernte brauchte man die *Hôpa*. Man packte Rübe um Rübe an den Blättern, zog sie heraus und schabte mit der runden Rückseite des hakenförmigen Winzermessers den Dreck an den Wurzeln ab. Schwungvoll schnitt man sodann, ohne die Rübe zu berühren (es war keine Hand dazu frei), die Blätter direkt an der Rübe ab, warf die Blätter nach links, während die Rübe nach rechts fiel. Bald bildeten sich eine grüne und eine rotgelbe Reihe den Acker entlang, dazwischen eine Gasse für das Fuhrwerk. Auf breiten Äckern gab es mehrere dieser bunt gerahm-

Auf dem Berg, wo die Äcker größer sind, mäht man das Kartoffelkraut und bringt die Knollen mit dem Pflug ans Licht. Die Rüben kommen später dran.

Stolz und erfolgreich schwingt dieser kleine Wengertschütz seine Rätsche, denn Vögel mögen Trauben lieber ohne Lärm.

ten Gassen. Wenn genügend Leute die Rüben herauszogen, hatten das Fuhrwerk, die Kühe und der Fuhrmann den ganzen Nachmittag zu tun mit Aufladen, Nach-Hause-fahren und Abladen. Da war dann ein reger Verkehr von Kuhgespannen auf den Straßen.

Zuhause wurden die Rüben durch das *Riebaloch* auf einer schrägen Rutsche in den Rübenkeller geschubst. Im Lauf des Winters wurden sie mit der *Riebazorna* wieder herausgeholt, in der Rübenmühle gemahlen und an die Kühe als frische Beigabe zum Heu verfüttert. Sie waren gierig darauf. Auch die grünen Blätter bekam das Vieh bald zu fressen. Sie gäben davon mehr Milch, war die Begründung, aber sie durften nicht zu viel von den Blättern bekommen, sonst bekamen sie Durchfall.

Während unsere Kartoffel- und Rübenäcker geleert wurden, ernteten zugleich die Filderbauern ihre Kohl- und Krautköpfe, die sie auch bei uns frisch und lauthals in den

Straßen verkauften. Nun gab es, so erklärte man uns, nach diesen Ernten »Arbeitslose«, nämlich die *Schtôra,* die bisher von den Gemüseköpfen auf den Fildern die Raupen abgelesen hatten. Sie hatten daher alle Tage Fleisch gehabt, aber nun gelüstete es sie nach einem süßen Nachtisch. Es sprach sich unter den Vögeln bald herum, dass im Remstal die Trauben reiften. So fielen die *Schtôra* in dichten Schwärmen in unseren Weinbergen ein. Doch dem *Wengerter* waren seine Trauben heilig. Was tun? – Die Lösung fand sich schon in alten Zeiten. Man schickte die *Wengertschütza* auf den Weg. Jeder hatte seinen Beitrag zu leisten, damit der Vogelfraß in Grenzen blieb. Bis zu einem gewissen Alter musste jeder *Wengerter* (oder ein erwachsenes männliches Mitglied seiner Familie) in planmäßig eingeteilten Rebfluren »laufen«. Sie bekamen eine *Rätscha* aus Holz, die bei schwungvoller Drehung entsetzlich knatterte, und eine Schreckschusspistole aus Metall samt Munition. Da konnte man bald von allen Weinberghalden das Rätschen und die Schüsse hören, und die Starenschwärme wogten wie graue Tücher in der Luft.

's Herbschta

Die allerwichtigste Zeit des Jahres war und ist für den Weingärtner die Weinlese, das *Herbschta.* Der Christianvetter wurde, als er schon die Zeiten durcheinander brachte und nicht mehr wusste, was er tat, einmal zu irgendeiner Unzeit auf der Straße gefragt, wo er denn hinwolle. »Ha, en Sandmorga, ens Leasa!« war die bestimmte, zielstrebige Antwort, mit einem Unterton leichter Ungeduld dem offenbar unverständigen Fragesteller gegenüber. Die Weinlese war, mehr noch als der *Hacket* und der *Heuet,* ein jährlicher Umtrieb, der niemandem entging und der jeden ergriff und keinen mehr losließ. Sie war die Krönung des Jahres, brachte den Lohn der intensiven und schweren Arbeit und erlöste von den Unsicherheiten und Ängsten um den lebenssichernden Ertrag.

Vor der Lese waren die Trauben im *Wengert* tabu. Man konnte damit rechnen, dass der Vater genau wusste, wo welche Trauben (oder auch nur Teile von Weintrauben) verschwunden waren. Dabei konnte es schon vorkommen, dass man sich beim *Fürchgrasa* oder beim *Fürchputza* – der pingeligen Rasur des schmalen Grasrains an der Weinbergfurche mit Hilfe einer Sichel bzw. der Entfernung des Unkrauts aus den Ritzen der gepflasterten Treppenstufen mit einem alten, kantig abgebrochenen Weinbergmesser – zu weit in die Weinstöcke hineinlehnte und sich dazu verführen ließ, die Süße des neuen Jahrgangs schon vorab zu verkosten. »Wer hôt denn dean [im schwäbischen Weinbau stets maskulinen!] Salvenertrauba am zwoita Schtock em mittlere Gaiern em Lercha wegdao?« lautete dann seine präzise inquisitorische Frage. Ob er wirklich ein Schuldeingeständnis erwartete? Jedenfalls ging er nicht allzu beharrlich der Antwort nach. Vielleicht war er auch des Bibelworts eingedenk: »Du sollst dem Ochsen, der da drischt, nicht das Maul verbinden.« Er selbst war jedoch auch bereit, einige von den ersten Früchten seiner geliebten und gehegten Weinberge zu verschenken. Zu meinem Geburtstag im August bekam ich manchmal, allerdings mit vierzehn Tagen Verspätung, »einen« Portugiesertrauben. Doch auch die war Teil des konkreten alttestamentarischen Glaubensunterrichts, mit dem schon der Jugend das »Du sollst dich nicht lassen gelüsten …« als Gebot vorgelebt und eingeprägt wurde.

Vor der Lese mussten alle Gerätschaften hergerichtet werden. Die großen *Züber* unten in der Kelter wurden mit Wasser »eingeschwellt« und damit abgedichtet, ebenso die Traubenbutten. Das Holz der Gefäße war das Jahr über so ausgetrocknet, dass sogar einige Eisenreifen lose wurden. Sie mussten frisch ausgerichtet und festgeklopft werden. Die *Hôpa* wurden geschliffen, die Traubenmühle, *Raschpel* genannt, wurde geputzt und die Eimer aus emailliertem Blech ausgespült und bereitgestellt.

Und einige Zeit, ehe die Lese begann, war ein Sonntagsspaziergang auf den Schurwald nötig, um bei Landmädchen zu fragen, ob sie auch diesmal *als Leasere zom Herbschta* kommen könnten. Oft kamen sie aber auch von sich aus herunter ins Tal, zur *Kirbe* am 13. Sonntag nach Trinitatis, und fragten an, ob sie kommen dürften. Es war nicht nur der Verdienst, der die Mädchen lockte, sondern auch das Lesen selbst, die Gemeinschaft über die engen Ortsgrenzen hinweg und die Trauben – auch wenn das Wetter dann oft ungemütlich war. Für die Leserinnen – sie kamen von Aichschieß, von Hegenlohe, von Schlichten – musste auch ein Bett gerichtet werden. Und dann wurde tüchtig Brot gebacken, denn davon wurde im Herbst besonders viel gebraucht. Da die Tage kurz waren – um sechs Uhr abends war es schon *kuehnacht* – wurde zum Mittagessen nur *g'veschperet*, und dazu brauchte man mehr Brot als sonst – und auch was Ordentliches drauf.

In der Schule hatten wir vierzehn Tage Herbstferien, und die Lehrer halfen auch manchmal bei der Lese mit. Der große, gestrenge und knochige Herr Hütter soll sogar Butten getragen haben.

Am Morgen ging es also los, nicht bei Dunkelheit zwar, aber doch so früh, dass das Morgenlicht zum Traubenschneiden gerade ausreichte. Der *Traubawaga* wurde von den Kühen die steinigen Wege in den Weinberg hinaufgezogen. Es war der Leiterwagen mit einem großen Zuber in der Sprossenlücke und vielleicht noch einem kleinen Zuber auf ein Gerüst davorgestellt, dazu kamen die Eimer, die Butten und schließlich der Korb mit dem *Herbschtveschper,* und obendrein eine kleine, acht- bis zehnsprossige Leiter. Für das Essen hatte man nicht gespart und reichlich Wurst und Käse eingekauft. Auch erinnere ich mich, dass die *Dote* ein paarmal schon Wochen zuvor aus Kuhmilch und Lab einen Käse angesetzt hatte, der gar nicht schlecht schmeckte. Oft war auch noch von der letzten Schlachtung ein Glas eigene, hausgemachte und eingedünstete Leber- oder Griebenwurst für ein Herbstmahl reserviert worden. Als Getränk gab es dazu Most und Pfefferminztee. Der Wein der Vorjahre war für gehobenere und feierlichere Anlässe reserviert.

Die Leserinnen und Helfer bei der Lese machten sich zu Fuß auf den Weg. Meist war ihr Weg kürzer als der des Fuhrwerks, weil sie die alten, schmalen und steilen Steige benutzen konnten. So zogen sie ein wenig später los und kamen doch rechtzeitig mit den Eimern, Körben und Butten im *Wengert* an. Der Wagen wurde am Wegrand *g'schtellt.* Das Gefährt wurde mit Blick auf seine kostbare Last vorsorglich mit Bremsschuhen und Unterschlag-Steinen gegen versehentliches Wegrollen gesichert, die Bremsspindel der *Migge* gewissenhaft festgekurbelt. Die Kühe

Schöne, voll ausgereifte, ballige Trollinger hängen auf der hohen Mauer am ausgewaschenen, steilen Wengertweg. Hier braucht man Buttenträger.

wurden ausgespannt und wieder heim in den Stall geführt.

Jetzt wurden im *Wengert* die Trauben abgeschnitten. Wir waren belehrt worden, dass man immer die linke Hand unter »den« abzuschneidenden Trauben halten musste, so dass er auf keinen Fall auf den Boden fiel, und dass man die *Hôpa* immer so führen musste, dass der Schnitt von unten nach oben ging. Schmerzliche und blutige Erfahrungen straften die Nichtbeachtung dieser Weisungen. War aber trotz aller Vorsichts-

An breiten, befahrbaren Wengertwegen sind Traubenwagen gestellt, die Deichsel aufgerichtet. Über eine kurze Leiter erreicht der Buttenträger sein Ziel.

maßnahmen doch einmal Blut geflossen, so hieß es *schleck's a:*. Und wenn die Blutung auf diese Weise gestillt war, fand sich im *Schurz* der Mutter ein altes, verwaschenes Sacktuch, gewaschen und gebügelt, also relativ keimfrei. Von dem riss die Mutter einen Streifen ab und verband damit den kaum noch sichtbaren Schnitt.

Trauben durfte man jetzt essen, so viel man wollte, aber ja keine einzelne Beere aus den Trauben picken: Die Unversehrtheit der teuren Früchte bis zur Kelter war für Kinder ein schwer begreifliches Gebot. Zum Essen waren insbesondere die kleinen, drei- bis vierbeerigen *Zäterla* geeignet und erlaubt. Sie konnte man auf einmal, so nebenbei, in

Im Wengert bei Strümpfelbach ist die Lese voll im Gang. Hinter der Endersbacher Kelter öffnet sich das Remstal, rechts begrenzt vom Korber Kopf.

den Mund stecken. Aß man einen ganzen Trauben (was den Lesevorgang unterbrach und auf Dauer das Missfallen der Mitleser erregen konnte), so musste Beerle um Beerle abgepflückt werden. *Ra:beißa* vom Trauben hingegen war unfein und verpönt.

Die abgeschnittenen Trauben wurden in den Eimer geworfen. »Sauerfaulige« und dürre Beeren waren entfernt worden, die »edelfauligen« dagegen, die rund, saftig und sehr süß waren, kamen mit in den Eimer. War der Eimer voll, wurde er in den Butten mit seiner kleinen Standfläche und seinen ausladenden Wänden geleert, der an der *Furch* aufgestellt, und oft mit einem stützenden Pfahl gegen das Unglück des Umfallens gesichert war. Wenn sich der Butten füllte, ließ man ihn *a paarmôl hopfa*, damit noch ein Eimer Trauben hineinging. Der ovale obere Rand des Traubenbuttens hatte an seiner Rückseite eine trapezförmige Aussparung, in die zuweilen der stolze Besitzer dekorativ ein halbes Dutzend Reihen besonders schöner Trauben *beigte*, so dass die Tracht auf dem Rücken des Trägers höchst ansehnlich und appetitlich aussah und stabil abgerundet war. Diese Ästhetik mochte noch aus der früheren Zeit des 19. Jahrhunderts stammen, als die Weinberge nicht durch Fahrwege für Fuhrwerke erschlossen waren. Die Butten waren ja »früher« (für uns Kinder in unvordenklicher Zeit) dicht gepackt und für jedermann sichtbar, von den Trägern jeweils den ganzen Weg zur Kelter getragen worden. Jetzt wurde der Butten vom *Buttaträger* nur noch die *Furch* mit ihren Staffeln hinabgetragen und über die kurze Leiter in den Zuber auf dem Wagen geleert. Doch noch immer wollte auch das Buttentragen gelernt sein, denn die vollen Butten waren schwer und die steinigen Furchen schmal, mit unregelmäßigen Tritten. Auf dem *Leiterle* am Zuber angekommen, galt es, die Butten mit einem kraftvollen Schwung seitlich über die Schulter auszuleeren – und nicht, wie der Butten aufgrund seiner Tragkonstruktion lieber wollte, über den Kopf. Dabei war der plötzliche Zug der schweren Last hinein in den Zuber nicht zu unterschätzen, und der Träger musste sich gut festhalten. Dem schwachen Buttenträger war Spott gewiss. So waren es hauptsächlich die jüngeren, kräftigen Männer, die Butten trugen, und die Heranwachsenden rühmten sich ihrer Stärke, wenn sie auch schon Butten getragen hatten.

Auch bei der Weinlese legte der Vater großen Wert darauf, dass die Arbeit *aggrat* ausgeführt wurde. Einzelne Beeren mussten vom Boden aufgehoben werden, und an den Weinstöcken durften außer den »Nachgetriebenen« keine auch noch so kleinen Trauben hängen bleiben.

Fand man einen schönen Trauben – ohne faulige Beeren, nicht zu dick, nicht zu *ballig*,

Bild gegenüberliegende Seite: Der Zuber ist voll – wohin mit den vollen Butten und Eimern? Drei Generationen machen sich daran, ihren Traubenwagen jetzt zur Kelter zu bringen.

aber auch nicht zu lose, also zu *lotterig* gewachsen – so wurde er zu den *Schneidtrauba* gelegt, die in einem aus großen Weinblättern geformten Laubnest neben der *Furch* gesammelt wurden. Man brauchte deren viele, denn nicht nur die Verwandten, die keine Weinberge hatten, nicht nur die Weinherren, sondern auch die Pfarrer und Lehrer,

Schöner Herbsttag: Auch der bürgerliche Nachbar gesellt sich jetzt zum Wengerter. Der ist mit seinem Butten des neuen Jahrgangs wohl zufrieden.

Frau Haas, die alte Lehrerswitwe, und natürlich die Krankenschwester Sophie und die Kinderschwester Barbara hatten gewissermaßen ein Anrecht auf ein *Körble* Trauben. Wir Kinder lieferten solche Gaben gerne bei den bedachten Empfängern ab, denn außer ein paar freundlichen Dankesworten fiel da für uns auch immer etwas Gutes ab. Nur bei »Oberlehrers« war ein bisschen Angst dabei, denn sofort nach dem Klingeln ertönte dort das Gebell des hinter der Tür verantwortlichen Rauhaardackels.

Einmal bekamen wir 20 Pfennig geschenkt. »Fürs Sparkässle,« meinte die Geberin. Aber wir hatten eine andere, nach unserer Meinung bessere Verwendung dafür – wenigstens für die Hälfte, ein *Zehnerle.* Dafür bekam man nämlich im Kolonialwarenladen der Konditorei Linsenmeier *zwoi Schächtela Käpsela:* rosafarbene, runde Papierblättchen, die in der Mitte einen dunklen Punkt durchschimmern ließen. Man musste mit dem *Eisele* drauftreten, das auf den Absatz unserer Schuhe genagelt war, oder mit einem Stein draufschlagen, dann gab es einen Knall, der gerade laut genug war, dass er uns erfreute, aber unsere empfindlichen Ohren nicht überforderte. Andere Kinder hatten noch ganz andere, teurere und lautere *Knallsacha:* Knallfrösche und Knallerbsen. Oder Blechdosen mit Karbid, welches mit Spucke, bei schnell verschlossenem Deckel, Gas entwickelte und beim Anzünden eines Streichholzes an einem nagelgroßen Löchlein mit einem mächtigen Knall den Deckel von der Dose sprengte, wobei es lange Wege sparte, wenn man Dose und Deckel mit einer haltbaren, guten Schnur verband.

Schtôra reagierten empfindlich auf solche Schüsse, sie flogen von Zweigen und Leitungen auf, ganze Schwärme schwenkten in eine andere Richtung. »Karbidbuben« konnten sich deshalb selbstbewusst als Verstärkung der Wengertschützen betrachten. Böller hingegen waren für Erwachsene. Für allzu kecke

Ein schöner Butten, klassisch mit weißen und blauen Trauben »gebeigt«. Vor der Zeit der Sortentrennung entstand daraus der gelobte goldene Schillerwein.

Jugendliche gab es warnende, opfervolle und wahre Geschichten; Schießpulver in Wasserleitungsrohren, das war für uns jedenfalls tabu. Wir verheimlichten ja schon unseren Besitz der *Käpsela.* Fürchteten wir doch, wegen Verschwendung getadelt zu werden.

Die *Traubawäga* wurden am Abend, oder wenn die *Züber* voll waren, »von Hand« hinunter zur Kelter gebracht. Zugvieh brauchte es dazu nicht, denn alle Weinbergwege waren so eingerichtet, dass sie mit mehr oder weniger großem Gefälle bis zur neuen, großen Kelter am unteren Ortsende führten. Man brauchte einen guten *Loiter* an der Deichsel und einen guten *Migger* an der seitlich angebrachten Bremskurbel. An besonders abschüssigen Stellen war der *Radschua* nötig, damit der schwere und kostbare Ertrag des Weinbergs nicht im letzten Moment verunglückte. Hatte man ein hinteres Rad des Wagens auf den *Radschua* auflaufen lassen, ein keilförmiges Eisen, das die Spurbreite des Reifens in sich aufnehmen konnte, so hatte das Rad keinen direkten Kontakt mehr zur Straße oder zum steinigen Weg, und der mit einer Kette am Wagen befestigte Radschuh konnte auch die schwerste Last zum Stillstand bringen. Doch eine lange Deichsel war auf jeden Fall nötig, um ein so rigoroses Bremsmanöver sicher zu lenken. Wurde die Strecke weniger abschüssig, so ließ sich der *Radschua* wieder lösen.

Unten in der Kelter war reges Leben. Jeder *Wengerter* hatte seine *Setzeschtoa* in der Kelter, etwa 30 cm hohe, konische, oben abgeflachte Steine, die so angeordnet waren, dass ein Kelterzuber sicher darauf ruhte. Oben auf dem Zuber stand die *Raschpel,* deren Schwungrad über Zahnräder zwei gegenläufige Walzen am Grunde ihres großen, viereckigen Holztrichters antrieb. Die Trauben wurden mit Eimern in den Trichter der Raspel geschüttet. Eine *Leasere* drehte am Hebel des Schwungrads, und die zerquetschten Trauben fielen, samt Kernen, Kämmen und Häuten, in den Zuber. Wenn zu erwarten war, dass der Zuber bald voll war, oder wenn eine andere Traubensorte gelesen wurde, bestellte der Vater *d' Press.* Die Maische der Riesling- und der Silvanertrauben (zu den Letzteren gehörten sowohl die üblichen weißen wie auch die selteneren blauen) wurde jeweils zügig zu Weißwein gepresst. Die Erträge der verstreut angepflanzten Gutedelstöcke wurden dem Silvaner zugeschlagen. Sollten die Häute der »blauen« Trauben dem künftigen Wein rote Farbe geben, so wurde der Zuber mit zwei halbkreisförmigen, genau passenden Holzdeckeln zugedeckt. Die Maische der Trollinger, der Portugieser oder anderer Rotweinsorten wurde, je nach Temperatur, einige Tage an den Häuten gelassen, ehe sie abgepresst wurde.

Vor der alten »Inneren Kelter« in Beutelsbach: Nicht alle Züber sind auf der Setze, aber Raspeln und Buttenträger zeigen, dass der Weinherr kommen kann.

In der Neuen Kelter – sie war 1934 gebaut worden und lief den alten Keltern den Rang ab – standen sechs hydraulische Weinpressen. Die waren während der Hauptlesezeit Tag und Nacht in Betrieb. Meist kam der Vater mit seiner Maische bei Nacht *uf d' Press.* Jedenfalls kann ich mich nicht erinnern, dass ich ihm je bei dieser wichtigen Arbeit zugeschaut hätte.

Lag die Bestellung eines »Weinherren« für eine bestimmte Sorte Wein vor, so musste dieser nun rechtzeitig benachrichtigt werden. Es war wünschenswert, dass er den Wein direkt von der Presse abholte oder abholen ließ. Es waren aber auch Stuttgarter Wirte an der Kelter oder solche aus Cannstatt oder Schwäbisch Gmünd, die in ihren Lokalen gerne

Blick in die neue Kelter in Stetten: Um 1930 entstanden zeit- und baugleich große Kelterhallen im unteren Remstal. Die Bütten waren damit unter Dach.

Schnaiter Wein ausschenkten. Die suchten vor Ort ihre Lieferanten und wurden in guten Jahren von den *Wengertern* hofiert. Ein richtiges Markttreiben war das um die Kelter. Manchmal erwuchs daraus ein ersprießliches Geschäftsverhältnis auf mehrere Jahre hinaus. Der *Wengerter* konnte sich damit auf »seinen« Weinherrn und der Weinherr auf »seinen« *Wengerter* und seine Weine verlassen. Die Herkunft eines bestimmten Weins war dann für den Kunden unzweifelhaft.

Die Frauen waren vom *Wengert* nach Hause gegangen. Im *Herbscht* gab es nämlich das gekochte Mittagessen am Abend, und das wurde vorbereitet, ehe der Stall besorgt wurde. Da ja auch die *Leasere* mit dabei war, gab es meist etwas Besonderes. Man wollte sich nicht nachsagen lassen, dass man schlecht kocht. Bei den Vorbereitungen half die *Leasere* natürlich auch mit und steuerte so manchen Kunstkniff von zuhause bei. So lernten wir, wie man Waffeln bäckt, ohne das Waffeleisen einzufetten: *o'gschmotzet,* wie die Schurwälderin sagte. Es waren fröhliche Abendessen im Herbst. Zufrieden und müde ging man ins Bett. Am anderen Morgen musste man wieder munter sein.

Aber es gab auch ungemütliche Tage: frühe Morgen, an denen Reif auf den Blättern lag. Sogar Schnee konnte auf den Stöcken liegen, der erst abgeklopft werden musste, ehe man die Trauben abschnitt. Da fror man an Händen und Füßen, richtig übel wurde einem vor Kälte.

Em Häusle

Doch zum Glück gab es zumeist auch ein *Wengerthäusle,* in dem ein *Öfele* oder ein alter Herd stand, in dem man Feuer machte. Da wurde auch das Getränk gewärmt. Es ging zwar eng zu im Häusle, aber das machte es umso wärmer, so dass man nach einer Weile wieder an die Arbeit gehen konnte.

Die *Wengerthäusla* waren zur damaligen Zeit ziemlich gleichmäßig verstreut in den Wengerthalden zu sehen. Sie leuchteten aus dem grünen Rebenlaub heraus mit ihren roten Backsteinmauern und Ziegeldächern. Die meisten von ihnen fielen in den siebziger und achtziger Jahren der Flurbereinigung zum Opfer. Nur wenige wurden wieder aufgebaut. Die Zeiten hatten sich so geändert, dass sie nicht mehr erforderlich waren: Das Auto, zuvor noch der »Bulldogg«, hatten Feld- und Weinfluren erobert.

Zu Fuß waren die Wege zu den Weinbergen oft weit. In der arbeitsreichen Zeit, die ja von März bis Oktober ging, ließen sich die Männer manchmal das Mittagessen in den *Wengert* hinausbringen. Die Kinder, schon früh mit dieser Pflicht beauftragt, durften also nach der Schule nicht trödeln und kein Nachsitzen riskieren. An kühlen Tagen saßen die Männer dann gern im Häusle, wärmten sich und auch wohl das unterwegs abgekühlte Essen an einem raschen *Pfählesfeuer* im *Öfele.* Noch wichtiger aber war, dass man bei einem Regenschauer oder Gewitter einen sicheren Unterstand in Reichweite hatte. Überdies konnte im Häusle Handwerkszeug gelagert und eingeschlossen werden, wenn eine Arbeit nicht vollendet wurde. Dann brauchte *d' Haua, dr Karscht* oder *d' Schparta* nicht nach Hause zurück- und anderntags wieder hierhergetragen werden.

Die *Wengerthäusla* waren Privateigentum. Der Weinbergbesitzer hatte sie oft selbst erstellt und war für ihre Instandhaltung verantwortlich. Er war auch stolz auf diesen Besitz. Aber jeder Nachbar wusste, wo der Schlüssel versteckt war, und konnte sich Zutritt verschaffen, um dem Nasswerden zu entgehen. Es war Ehrensache, dass bei einem solchen Notaufenthalt nichts zerstört, beschädigt oder entwendet wurde. Die jeweiligen Besitzer duldeten einvernehmlich diese nachbarschaftliche Benutzung. Es war eine Toleranz auf Gegenseitigkeit.

In der Zeit, als er seine Familie gründete, baute der Vater im entlegensten Wengert, der *Buehalda,* ein *Wengerthäusle.* Im *zwoita Gaiern,* am ersten Quergraben über dem unteren Weg, ebnete er ein Geviert von etwa drei auf vier Metern Grundfläche. Die wurde mit einer Steinvorlage und einem Betonbelag versehen. Darauf mauerte er das Häusle aus ziegelroten Backsteinen. Die Seitenwände waren etwa zwei Meter hoch, die Spitze der vorderen Giebelwand einen halben Meter höher. Die hintere Giebelwand steckte zum Teil in der Erde, weil der *Wengert* ziemlich steil anstieg. In die südwestliche Seitenwand wurde ein *Fensterle* eingebaut, die Türe befand sich in der südöstlichen, hohen Giebelwand. Das Dach wurde mit roten Dachplatten gedeckt. Unter dem Dach befand sich ein niedriger Verschlag, der von der Bergseite zugänglich war. Dort wurden *Pfähla* für die Heizung trocken gehalten. Der Zugang zu diesem Verschlag wurde mit einem Holzladen verschlossen. Das Fenster bekam innen einen verglasten Fensterflügel, der geöffnet werden konnte, und außen einen Holzladen. Die Tür war aus Holz und mit einem einfachen Türschloss abschließbar. Das Dach stand nach beiden Seiten etwas über – und da, in der linken Ecke zwischen Dach und Mauer, war normalerweise der Schlüssel versteckt. Die Inneneinrichtung war einfach: An zwei Wänden verliefen fest verankerte Holzbänke. Dazwischen stand in der Mitte ein Holztisch aus roh gehobelten Brettern, die auf überkreuzten Holzbeinen befestigt waren. Hinten wartete ein kleines *Öfele,* dessen Abzugsrohr durch ein rundes Loch ins Freie geführt wurde.

Auch der Außenbereich war sinnvoll und ansprechend gestaltet. In der Südecke zwischen *Häusle* und *Mäuerle* war ein Lavendelbusch gepflanzt. Seine Blätter, besonders aber die blass-lilafarbenen Blüten, strömten einen frischen, beruhigenden Duft aus. Die Mutter liebte diesen Duft sehr. Jedes Jahr zur Blütezeit im Juni/Juli holte sie sich einen großen Strauß von dem Lavendelbusch. Zu

Hause streiften wir die Blüten ab und füllten sie in Leinensäckchen. Einige davon wurden in Kleiderschränke gehängt, andere zwischen die Wäsche im Wäscheschrank gelegt. Mit der Zeit nahm der Duft zwar ab, er konnte aber immer wieder neu belebt werden, wenn man die Säckchen knetete. Außer diesem Lavendelduft trugen wir lediglich den von Seife sowie den eigenen Duft am Leib und in den Kleidern.

Das *Wengerthäusle* war auf der Nordostseite mit einer kleinen *Kammerza* dekoriert, die fröhlich dort kletterte und blaue Trauben trug. An der Südwestseite führte die *Wengertstaffel* vorbei, die an dieser Stelle immer besonders gut ausgegrast und geputzt wurde. Eine Zeitlang blühte auch ein Rosenstock am Häusle. Der ging aber in den Kriegsjahren ein.

Ein ganz besonderer, geheimnisvoller Unterstand war die »Lisnerhütte«. Sie hat-

Altes Wengerthäusle in Winterruhe. Links das Spritzeloch, über dem Horizont die hohe Wasserleitung, auf der Sonnenseite am Gerüst eine Kammerza.

te zwei oder drei weitläufige Verwandte an abgelegenen Stellen der Gemarkung, in der Nähe von steinigen Wegen. Ein *Wengerthäusle* war die Lisnerhütte offenbar nicht. Wie alt sie sein mochte, das wusste niemand zu sagen. Sie hockte, ein fast runder Steinbuckel, auf dem Feld des Christianvetters, auf der Höhe über den Weinbergen, am Fahrweg unweit der Kaiserstraße, die von Waiblingen zum Hohenstaufen führte. Ihre runden Wände waren in Trockenbauweise aus flachen Feldsteinen aufgeführt worden. Dazwischen hatte sich im Lauf der Zeiten Erde angesammelt, aus der nun überall kleine, anspruchslose, aber würzig duftende Pflänzchen wuchsen. Das Dach bestand aus riesigen Steinplatten. Darauf hatte sich eine weiche Decke von Flechten, Moos, trockenem Humus und verrottenden Pflanzen angehäuft. Wir Kinder kletterten gar zu gerne darauf herum. Nicht nur, dass die Barfüße beim Hinaufsteigen in den Spalten der Wand gut Halt fanden, man überblickte auch die Umgebung von da oben viel besser als von unten. Der Blick schweifte vom zu Fuß unerreichbaren Strom- und Heuchelberg über die Höhen des Schurwalds bis hinüber zur blaugrauen Wand der Schwäbischen Alb, hinter der, so sagte man, die Bayern wohnten und das sagenhafte Österreich begann. Und da gab es Eidechsen und Ameisen zu beobachten, Schmetterlinge und Käfer kamen zu Besuch. Es war ein eigenes, stilles Leben da oben, ein wenig näher bei den Wolken und beim Himmel.

Die Erwachsenen freilich sahen es nicht so gern, dass die Kleinen da hinaufstiegen. Nicht dass sie fürchteten, sie könnten herunterfallen, vielmehr sorgte man sich, dass die Decke einstürzen könnte. Das musste auch wohl schon passiert sein, denn unter der Decke waren alte rostige Eisenträger eingezogen, die eine Industrie der Vorzeit produziert hatte.

Im runden, dunklen Innenraum liefen ringsum niedrige Steinbänke. Hier konnten viele Menschen Schutz finden, denn die Decke war dicht. Feiner, weicher Staub bedeckte den Boden. Er fühlte sich an wie ausgebleichte Asche. Hatten unsere vorzeitlichen Schutzsuchenden hier drinnen tatsächlich Holz verbrannt? Dann war das schon ewig her. Einen Rauchabzug gab es nicht, und an der Steinwand fanden sich keine Rußspuren.

Die Lisnerhütte behielt ihr Geheimnis. Heute steht sie nicht mehr auf ihrem Platz. Sie wurde abgetragen und etwa 400 Meter entfernt wieder aufgebaut: kleiner, eckig, das Dach auf modernen Stahlbetonträgern, die steinernen Sitzbänke höher, deshalb bequemer, und es sind Spaziergänger, die darin Schutz suchen, nicht *Wengerter*. Die setzen sich im Notfall in ihre Autos, in denen sie gekommen sind.

Vom Filderkraut zom Sauerkraut

Auf unseren dorfnahen Äckern und Ländern pflanzten wir sowohl die runden, grünen Kohlköpfe, den Wirsing, als auch Weißkraut und Spitzkraut (das sogenannte Filderkraut). Der Wirsing kam im Herbst als *Kehl* auf den Tisch, begleitet von durchwachsenem Siedfleisch und Kartoffeln. Das Spitzkraut hingegen wurde zu Sauerkraut verarbeitet. Schon ab Spätsommer ergänzten die Filderbauern die Erträge unserer spärlichen Äcker mit ihren Wagenladungen von großen, weißen, kompakten, spitz zulaufenden Krautköpfen. Ihre Wagen wurden von Pferden gezogen, denn die motorisierten Lastautos waren ja alle beim Heer, samt ihren Fahrern. Alle Filderbauern waren nach meiner Erinnerung alte Männer. Sie saßen auf einem quer über die Leitern ihres Wagens gelegten Brett, die Zügel und die Peitsche in den Händen. Von Zeit zu Zeit griffen sie zu einer Glocke, die neben ihnen auf dem Brett stand, und schüttelten sie kräftig. Sie gab einen hellen, lauten Ton von sich. Damit war sie wohl zu unterscheiden von der Glocke unseres Büttels, die damals noch als Ankündigung seiner örtlichen Bekanntmachungen erschallte. Die Filderbauern riefen laut: »Filderkraut! Filderkraut! Kaufet Filderkraut!« Wenn die Mutter sie von weitem hörte, stellte sie sich mit dem kleinen *Loitrawägele* an den Straßenrand. Der Bauer in seinem blauen Bauernkittel sah sie, zog die Zügel an, die Pferde standen still. »Wie viel wellet'r denn?« – »Zwoi Zentner«, verlangte die Mutter. Der Bauer stieg ab und legte die Krautköpfe auf seine Bodenwaage im hinteren Teil des Leiterwagens. Zwei Zentner ließen sich nicht auf einmal wiegen. Deshalb nannte er laut das Gewicht der einzelnen *Wiegetsa,* und die Mutter merkte es sich und addierte es im Kopf. Die abgewogenen Krautköpfe kamen aufs *Loitrawägele,* und die Mutter zahlte den verlangten Preis. Der war nicht verhandelbar. Der Mann hatte aber großzügig gewogen. Mit einem »Danke« fuhr der Bauer davon, und wir halfen der Mutter, die Krautköpfe in die Waschküche zu transportieren.

Dort wurden nun der große Waschzuber und die hölzerne *Krautstande* gründlich ausgewaschen. Bei der Tante Rikele holte man den Krauthobel und den Krautbohrer. Diese Geräte wurden von der ganzen Sippschaft verwendet. Es lohnte sich nicht, dass jede Haushaltung sie anschaffte. Sogar in die Nachbarschaft wurden sie ausgeliehen, soweit man sie in der Verwandtschaft nicht brauchte.

Der Krauthobel war der große Bruder des Gurkenhobels, der wohl in keiner Küche fehlte. In der Mitte eines etwa 1,5 m

Krauternte, hier eine Fotografie von den Fildern: Die ausladenden Blätter werden abgeschlagen, der Strunk gekürzt. Übrig bleibt der Krautkopf für den Verkauf.

langen und 40 cm breiten Bretts waren drei scharfe Stahlklingen schräg eingelassen. Zu beiden Seiten über das ganze Brett hinweg verliefen zwei Führungsschienen, in denen ein quadratischer Holzrahmen hin- und herbewegt werden konnte. Der Krauthobel wurde auf den Zuber gesetzt. Zunächst galt es, mit dem Krautbohrer, einem etwa 20 cm langen, löffelförmigen, vorn spitz zulaufenden Schneidemesser, den Strunk als Spitzkegel aus dem Krautkopf zu entfernen. Der Krautkopf blieb bei dieser Operation in Form, so dass er nun als Ganzer gehobelt werden konnte. Dazu wurde er in den quadratischen Rahmen zwischen den Führungsschienen gesetzt und mit leichtem Druck der Finger auf die knackigen Blätter hin- und herbewegt. Die scharfen, schrägen Messer des Krauthobels schnitten Streifen um Streifen von dem Blätterkopf ab, die sich unten im Zuber anhäuften. Auf die Finger musste man achtgeben.

Im Keller wartete die hölzerne *Krautstande,* daneben eine große Schüssel mit Speisesalz und der *Krautstempfel,* ein runder Holzklotz mit einem langen Stiel. Nun wurde Lage um Lage der feinen Streifen in die Krautstande geschichtet, nach jeder Lage eine Handvoll Salz darübergestreut und mit dem *Krautstempfel* festgestampft, bis sich an der Oberfläche eine milchige Flüssigkeit aus Krautsaft und Salz bildete. War die *Stande* voll, so legte die Mutter ein weißes, leinenes Tuch darüber. Darauf kamen zwei halbrunde Holzdeckel, die zusammen den Inhalt der *Stande* genau abdeckten. Auf diese Abdeckbretter legte die Mutter zwei Vierkanthölzer und darauf einen schweren Steinquader. Nun konnte unter Druck die Milchsäuregärung ihren Verlauf nehmen.

Etwa acht bis zehn Tage blubberte es in der *Krautstande* leise vor sich hin, dann konnte das erste Sauerkraut entnommen werden. Stein und Hölzer wurden abgenommen, das Tuch in eine Schüssel mit warmem Wasser gelegt. Zuerst schöpfte die Mutter die über dem Kraut stehende Flüssigkeit ab, in der Schaumflocken und andere Verunreinigungen schwammen, und schüttete sie in den Abguss. Dann holte sie mit einer langzinkigen Gabel so viel Kraut heraus, wie sie für zwei Mittagessen brauchte. Sauerkraut schmeckt bekanntlich immer besser, je öfter es aufgewärmt wird. Und in Anbetracht der langen Kochzeit war es rationeller, gleich für zwei Mahlzeiten zu kochen. Das Tuch wurde ausgewaschen, gut *ausg'wonda* und wieder auf das Kraut gebreitet. Und zum Schluss wurden Holzdeckel, Vierkanthölzer und Stein wieder obenauf geschichtet.

Bald durchzog der säuerliche Geruch von kochendem Kraut das ganze Haus. Wenn wir von der Schule kamen, mussten wir nicht fragen »Was geit's hait?« Schon beim Ein-

Krautfuhre: Große, spitze Köpfe von Filderkraut sind hinter lüftigen Schilden auf dem Fuhrwerk verstaut. Blätter und Strünke werden untergepflügt.

tritt ins Haus waren wir vorgewarnt. Dabei schmeckte das erste Kraut noch ziemlich mild; die Wirkung der Milchsäurebakterien war noch nicht sehr weit durchgedrungen. Aber je länger das Kraut in der *Stande* gärte, desto stärker war die Säure im Kraut zu schmecken. Also nahm die Mutter nach geraumer Zeit das restliche Kraut heraus und dünstete es in großen Einmachgläsern ein. Dabei wurden die Milchsäurebakterien abgetötet, das wöchentliche Kraut *a:g'wäscha,* das Auswaschen des Krauttuchs, entfiel. Auch die Kochzeit verringerte sich.

Welche Beilagen aß man nun aber zum Sauerkraut? Zunächst wurde ein fettes Stück Schweinefleisch mitgekocht und bei Tisch so verteilt, dass der Vater das größte Stück bekam. Die Mutter verteilte dann ein paar *Breckela* an jedes Kind und behielt für sich selbst auch noch ein paar *Breckela* zurück. Daneben wurde Schwarzbrot zum Kraut gegessen. Am zweiten Tag gab es *Kraut ond Schpätzla,*

und damit war für uns als große Familie das Kraut für eine Woche verzehrt. Die Schloss-*Ahne* jedoch aß manchmal eine ganze Woche lang Kraut: mit Brot, mit *Schpätzla,* mit *breaglete Ebira,* mit *breaglete Schpätzla* oder auch mal mit Kartoffelpüree – jeden Tag ein anderes Gericht, auf einer zunehmend milderen Basis, die auch uns Kindern besser zusagte.

Onder Dach ond Fach

Indessen warteten noch die Nacharbeiten des Herbstes im Haus, die Aufarbeitung und Verwertung mancher Feldfrüchte. Sie wurden in den frühen Abendstunden oder an den regnerischen, kalten Novembertragen in der warmen Stube vorgenommen.

Auf dem *Eberleng,* dem obersten Dachboden, baumelten die *Welschkorndogga.* Diese Maiskolbenbündel sahen wirklich wie Puppen aus, allerdings mit jeweils drei Armen und Beinen. Den Kopf bildeten die Welschkornfedern, die von den Kolben abgezogen, umgeklappt und mit Weiden zusammengebunden waren. So hingen sie an langen Stangen zwischen den Dachsparren und waren inzwischen lufttrocken geworden. Durch die Ritzen zwischen den Dachplatten strich immer ein leichter Wind. Nun wurden die Kornpuppen heruntergeholt in die Stube zum *A:brockla.* Dazu brauchte man ein spezielles Handwerkzeug und zugleich einen Fangkorb für die gelben Körner, das *Semmere.* Das war ein runder, etwa 50 cm hoher Behälter, dessen oberer Rand mit einem Eisenband beschlagen war. Diagonal wurde der Behälter von einem flachen Eisenstab überspannt, der in der Mitte zusätzlich senkrecht durch einen runden Eisenstab im Boden verankert war. Diese robuste Holztrommel wurde auf einen Schemel gestellt. Die Welschkornkolben waren von ihren Federn abgedreht worden; sie wurden in einem großen zweihenkligen Weidenkorb in die Stube gebracht. Um das *Semmere* wurden Stühle gestellt und von der Familie reihum besetzt, wie bei einem Gesellschaftsspiel. Nun nahm der Vater einen Fruchtkolben in die Hände und drückte ihn kräftig gegen den flach geschmiedeten mittleren Teil des Tragstabs, so dass die Körner sich lösten und prasselnd auf den Boden des Behälters fielen. Langsam drückten und drehten seine Hände, bis sich alle Körner aus ihren Hülsen gelöst hatten. Zuletzt flog der leere weiße Strunk auf den Boden, während die Hände schon nach dem nächsten gelben Kolben griffen.

Welschkorndogga: Auf Veranden und Dachböden trocknen die Maiskolben, zu Büscheln geschnürt. Im Winter werden sie verarbeitet, zu Futter und noch mehr.

Bei den Kindern ging das *A:brockla* langsamer. Sie lösten erst die Körner, eins nach dem anderen, in einer oder zwei Reihen über die gesamte Länge des Kolbens. Dann drückten sie die folgende Reihe in die frei gewordene Lücke und kippten sie damit aus ihrem Halt. Bald purzelten die Körner nicht mehr auf den Holzboden, und das *Semmere* füllte sich. Ehe es zu schwer wurde, leerte der Vater die Ladung Maiskörner in einen Rupfensack.

Zunächst waren die leichten, leeren Strünke ein Spielzeug für die Kleinen, das deren Phantasie und Geschicklichkeit anregte: Großartige Bauten, Häuser und ganze Türme konnten damit, kreuzweise gelegt, errichtet werden. Aber dann verschwanden die Strünke im Ofen und trugen mit ihrer Hitze zum körperlichen Wohlbefinden bei, wobei sie nicht selten auch noch lustig knallten.

Die Säcke mit den Körnern wurden zum Brotgetreide auf die *Schuirabehne* verbracht. Ein Teil von ihnen wurde bei der nächsten Fahrt zur Mühle mit aufgeladen. Dort wurden sie *g'rissa,* das heißt, sie liefen nur einmal durch die Schrotmühle und wurden später, *handvollweis,* dem Schweine-, Hühner- und Viehfutter beigemischt oder dem Federvieh direkt als Körnerfutter gestreut. Ein kleiner Teil wurde aber auch in den schlechten Zeiten zu Maisgrieß vermahlen und tauchte später als *Welschkornbrei* oder als *Welschkornknepfla* auf dem Mittagstisch auf. Unsere zuweilen etwas altertümliche *Dote* Marie sprach dann auch von *Dirkkornbrei,* wobei wohl die orientalische Herkunft unseres Maises aufschien. Doch zum »Kukurruz«, wie man dazu schon im oberen Donautal sagte, hat sie sich nicht verstiegen. Ohnehin waren uns der Grießbrei und die *Grießknepfla* lieber, denn das Welschkorn war in jeder Form ziemlich rau und trocken – dem Vieh schmeckte es deutlich besser.

Und was geschah mit den Federn? Ein Teil davon wurde der Länge nach in Streifen gerissen und in den großen und breiten *Schtraosack* gestopft. Solche Strohsäcke lagen auf quergelegten Brettern in den »Bettladen« und hatten oben einen langen Schlitz. Darauf wurden Unterbett und Leintuch gelegt. Am Anfang lag man weich darauf und sank immer tiefer ein; mit der Zeit aber drückten sich die *Welschkornfeadra* zusammen, und man fand sich unausweichlich am Morgen in einer tiefen Delle. Deshalb wurde einmal in der Woche das Bett »gründlich« gemacht. Leintuch und Unterbett wurden entfernt. Dann griff man durch den langen Schlitz und hat die ganzen Welschkornfedern kräftig *durchg'ruedlet.* Das daunengefüllte Unterbett wurde ebenso aufgeschüttelt und wieder daraufgelegt, das Leintuch darübergebreitet und an den Rändern der Bettlade festgestopft. Einmal im Jahr wurden die Welschkornfedern erneuert. Die alten gaben immerhin den Kühen noch kurze Zeit ein weiches Lager. Gestaubt haben sowohl die Welschkorn- als auch die Entenfedern, und wahrscheinlich hatte deshalb kein Mensch eine Hausstauballergie.

Nun waren wir ja seit zwei Jahren im Krieg. Und in der Kriegszeit brauchte man Bezugsscheine für Schuhe aller Art. Diese Scheine, auf dem Rathaus umständlich zu beantragen und auszufertigen, hat man sich für die Hausschuhe *verschpart.* Man machte nun solche Schuhe selber aus Welschkornfedern. Auch hierfür wurden die Deckhäute der Kolben in schmale Streifen gerissen und diese eingeweicht. Daraus flocht man Zöpfe, lange, lange Zöpfe. Mit Zwirn (dem sogenannten *Sternfada*) wurden die Zöpfe schneckenförmig zusammengenäht. Um der Sohle die richtige längliche Form zu geben, wurde an den Seiten nach Bedarf gewendet. Schwierig war der Aufbau des Schuhs. Da war es gut, wenn man einen Leisten hatte. Es war nämlich wichtig, dass die Stiche nicht auf der Lauffläche des Hausschuhs lagen, sondern in der Mitte des Zopfs. Sonst lösten sich die Fäden beim Gehen sehr bald auf, und Flicken war enorm schwierig. Aus dem gleichen Material und mit den gleichen handwerklichen Fertigkeiten entstanden Schuhabstreifer und Fußmatten.

Derweil harrten auf dem *Eberleng* noch weitere unerschlossene Schätze der Jahresernte auf ihre Niederkunft und Aufbereitung. Da lagen die *Ölmaga,* die Mohnkapseln, zum Trocknen ausgebreitet. Sie waren auf der umgebrochenen Weilerwiese hinter dem Haus gewachsen. Im frühen Sommer hatten die großen weißen Blütenblätter mit dem violetten Grund und die gelben Staubgefäße die Vorform dieser Kapseln umgeben. Sie waren vom Wind verweht worden und hatten die grünen, anschwellenden Bäuchlein mit den braunen Krönchen entblößt. Die schnell daraus aufquellenden Kapseln mussten beobachtet werden, denn wenn sie reif waren, übten sie eine große Anziehungskraft auf die Spatzen aus. Auch die Meisen waren dem bläulichen, ölhaltigen Samen nicht abgeneigt. So ging man im August und September alle paar Tage durch und brach die reifen und abgestandenen, sandfarbenen Mohnkapseln mit ihrem rasselnden Samen ab. Verletzte man beim Durchgehen eine noch grüne Kapsel, so trat eine dicke, weißliche Milch aus, die an der Luft schnell bräunlich eintrocknete. Diese Milch interessierte uns nicht weiter; erst später belehrte man uns, dass dies Opium sei und »giftig«. Nun klang das zwar einigermaßen mysteriös, aber man hörte ja auch von anderen Nutzpflanzen, dass sie in rohem oder unreifem Zustand Gift enthielten, das sich unter Umständen bei der Reife oder beim Kochen verflüchtigte. So sollte man keine rohen Rha-

barberstangen, keine grünen Bohnen, nicht die süßen Kerne der *Brockela,* ja nicht einmal Kartoffeln roh essen, von aufgeknackten Kirschen- oder Zwetschgenkernen ganz zu schweigen.

Die mittlerweile auf dem Dachboden ganz dürr gewordenen Kapseln der *Ölmagen* wurden in die große Backschüssel gefasst und in die Stube getragen. Wieder setzte sich der Vater mit den für dieses Geschäft als reif erachteten Kindern um den Schatz herum. Alle Beteiligten waren mit einer *Hôpa* ausgerüstet. Man ergriff eine der großen, bauchigen Kapseln, schnitt sie rings herum an ihrem Äquator auf, neigte die beiden »Kacheln« der Schüssel zu und klopfte zwei- bis dreimal mit dem Messerrücken drauf, so dass die bläulichen Samen herausrieselten. Dann drehte man die beiden Hälften um und schaute nach, ob sich zwischen den Scheidewänden

***Korn zu Mehl:* Das gedroschene Korn wurde auf dem Getreideboden trocken gehalten. Vom Herbst an gingen die schweren Säcke zur Mühle am rauschenden Bach.**

Hôpa: *Das Universalmesser des Winzers. Mit dem handlichen, runden Griff, durch den hindurch die gekrümmte Schneide verankert ist, geht es Zug um Zug.*

nicht doch noch einige Sämchen festgehakt hatten. Die »stupfte« man mit der gebogenen Spitze der *Hôpa* heraus und warf dann die leeren Hülsen in die bereitgestellte *Zorna.*

Bei dieser Tätigkeit wurden Geschichten erzählt von Müttern, zumeist armen, überforderten Frauen am Ende ihrer Kräfte, die ihren ewig schreienden Kindlein *Kächelestee,* einen Aufguss von Mohnkapseln, in ihre *Schoppa* gefüllt haben sollen. Darauf schliefen die Kinder ruhig und lange – »ond dô d'rvo' send se nô domm wora.« Diese Geschichten galten auch uns als Warnung, damit wir nicht zu viel von den blauen Körnlein aßen. Aber die schmeckten verführerisch gut, vielleicht ein wenig staubig, und sie ließen sich angenehm knirschend kauen. Man kaute sie daher so lange wie möglich, kostete den Genuss aus und verzögerte damit den Nachschub. Gut geschlafen haben wir darauf auch, aber richtig dumm geworden sind wir dann doch nicht.

Der Mohnsamen wurde in der Ölmühle in Endersbach zu Mohnöl geschlagen und gepresst. Kartoffelsalat, mit Mohnöl angemacht, war besonders gut und ließ im neuen Jahr die wohlige Erinnerung ans *Ölmaga-Ausmacha* wieder wach werden. Auch der Mohnkuchen, in der Form eines Gugelhupfs zu Geburtstagen aufgetischt, überzeugte uns von der Harmlosigkeit dieses Genussmittels.

Nun waren noch die *Bainela* vom *Eberling* zu holen, *ausz'kniefera* und zu *verleasa.* Ins Hochdeutsche übersetzt: Auf dem obersten Dachboden lagen nun noch die dürren Schoten der kleinen, weißen Kernbohnen und wollten aufgerissen, entleert und inhaltlich sortiert sein. Die ohnehin dürren *Scheafa* waren in der Trockenheit unter dem Ziegeldach vollends *brockeldürr* geworden. Sie wurden in die großen alten Blechschüsseln gefasst und in die Stube getragen. Dort versammelte sich wieder alles, was Zeit und Geschick zum *Auskniefera* hatte. Soweit die Schoten noch geschlossen waren, wurden sie aufgerissen, und aus ihrem Inneren wurden mit dem Daumennagel die Bohnenkerne herausgestreift. Da Bohnen von alters her in der Kleinlandwirtschaft und im Weinbau als wichtiges Nahrungsmittel galten, weil sie nur geringe Kulturflächen in Anspruch nahmen, gab es sie in Mengen. Daher konnte die Verarbeitung recht lange dauern und den Kindern lästig werden, denn wenn eine Schüssel nur noch Bohnenkerne enthielt, wurde eine zweite und eine dritte mit Schoten gefüllt, die gleichermaßen die Daumennägel beanspruchten. In der Tat war dies nicht die erste Arbeit, die uns die Bohnen als reichlich unliebsamen Segen erscheinen ließen. Sie waren überall langweilig, wo man mit ihnen zu tun hatte, und sie schmeckten, im Vergleich mit den konkurrierenden Kohlehydraten in Kartoffeln und im Brot, im ersten Kriegsjahr noch gar nicht gut. Sie waren nach altem Brauch im Frühjahr auf die *Häuptla* in den Weinbergen gesteckt worden, waren ohne weiteres Zutun zu Schwaden von niedrigen Bohnenpflanzen herangewachsen, sie waren im Spätsommer in Mengen ausgerissen, von Erde befreit und nach Hause gebracht worden, und die Kinder hatten die unzähligen dürren Schoten unter freiem Himmel im Hof abreißen müssen. Die wertlosen leeren Stängel mit den Blättern waren auf den Misthaufen gewandert, die Schoten auf den Dachboden.

Und da lagen sie nun wieder auf der Mitte des Tischs, zu Zehntausenden, in großen Haufen, und wollten einzeln verlesen werden. Es half nichts: Jedes Mitglied im Kreis der Lesenden zog ein kleines Häuflein Bohnen vom großen Berg zu sich her. Dann wurde mit beiden Händen gearbeitet. Die Rechte schob die nierenförmigen, rein weißen Kügelchen auf die eine Seite, die Linke wischte alles, was diesem Muster nicht entsprach – die schwärzlichen, von Würmern angefressenen Körner, die Blättchen, Steinchen und Erdbröckchen – auf die andere Seite. Die »Guten« wurden in ein Säckchen gestreift, die »Schlechten« wurden eingeweicht und den Hühnern gefüttert.

War dann ein besonders arbeitsreicher Tag im Haushalt, etwa am Backtag, am Waschtag oder am Samstag, so standen *Bainela* oder Sauerkraut auf der (dann obendrein sehr kurzen) Speisekarte. Nur wenige Variationen waren vorgesehen.

Am Abend vorher wurden eine bestimmte Menge Kernbohnen in Wasser eingeweicht. Am nächsten Morgen wurde das Einweichwasser abgeschüttet, frisches Wasser und Salz daran gegeben und der Topf in das »obere Loch« auf dem Ofen gehängt, mit dem passenden Deckel zugedeckt, und nun konnten die *Bainela* bei kleiner Hitze vor sich hin köcheln. Manchmal wurde ein Stück Fleisch mitgekocht. Um die Mittagszeit waren die Bohnen weich. Nun wurden sie durch ein Sieb gedrückt, in dem die zähen Häute zurückgehalten wurden. In dem dicklichen Brei waren noch die würmchenförmigen Keime zu erkennen.

Waren die *Bainela* ohne Fleisch gekocht worden, so gab es als Beilage Schwarzbrot und Grieben- oder Leberwurst, die bei der letzten Schlachtung eingedünstet worden waren. Der Vater mischte sich gerne einige Löffel Essig unter den Brei. Wir Kinder mochten aber die *Bainela* weder mit noch ohne Essig. Sie schmeckten nicht, lagen einem zu lange im Magen und waren, auch jetzt noch, nichts als langweilig. Trotzdem mussten die Teller leer gegessen werden. Da gab es kein Pardon, und wenn es bis drei oder vier Uhr dauerte.

In diesen Kriegsjahren wurden in den Weinbergen auch Linsen *g'schteckt.* Im Sommer ließen sie ihre grünen Schleier über die *Wengertmäuerla* an den Wegen fallen. Vor der Weinlese wurden die Pflanzen ausgerissen, in Grastücher verpackt und zuhause zum Trocknen aufgehängt. Aber im Unterschied zu den Bohnen wurden die Linsen von Hand gedroschen. Auf den festgestampften Lehmboden der Scheune wurden große Tücher ausgebreitet, die dürren Linsenpflanzen daraufgelegt und vom Vater und Christianvetter im Zweiertakt mit Dreschflegeln bearbeitet. Von Zeit zu Zeit wurde das Dreschgut umgeschichtet, so dass alle Körnlein aus den gekringelten Schoten springen konnten. Wenn das leere Linsenstroh weggeräumt war, lagen die Linsen mit den dürren Blättern, Zweiglein, Erdkrumen und Steinbröckchen auf den Tüchern. Die wurden dann zusammengefasst und der Inhalt von dem feinen Unrat befreit, indem man ihn durch ein engmaschiges Sieb schüttete. Danach wurden die leichten Teile entfernt, indem man das Gemenge gegen den Wind warf. Die schweren Linsen fielen auf einen Haufen auf die erneut ausgebreiteten Tücher, die leichteren Blattteile wurden fortgeblasen. Günstig war es dabei, wenn der Talwind von Nordwesten her durch den Hof wehte.

Zum Schluss kam noch das Verlesen, das in der gleichen Weise (und zur gleichen trüben Zeit des Spätherbsts) vonstattenging wie das *Bainela-Leasa. Bainela,* Sauerkraut und Linsen wurden traditionsgemäß nur in der kalten Jahreszeit auf den Tisch gebracht, aber zu großelterlichen Zeiten, so belehrte man uns ganz unromantisch, waren sie die einzigen Gemüse, die es im Winter gab, zum Leidwesen der Kinder. Da sehnte man sich – alle Jahre wieder – von Herzen nach der Weihnachtszeit.

’s Stallg’schäft

Jeden Morgen und jeden Abend, ohne Rücksicht auf Sonn- oder Feiertage, mussten die Kühe im Stall versorgt und gemolken werden. Das war weitestgehend die Arbeit der Frauen. Nur wenn die Mutter im Wochenbett war, übernahm der Vater das Melken. An der Futterbeschaffung hingegen, wie Gras- und Kleeholen, Heuen und Öhmden, sowie an der Rüben- und Maisernte waren die Männer mit beteiligt (soweit sie nicht im Krieg waren). Auch hier herrschte insofern ein arbeitsteiliges Miteinander-Schaffen, bei dem die Kräfte insgesamt sinnvoll eingesetzt wurden. Doch schließlich stand für den Fa-

Im Stall eines Wengerters standen nur wenige Kühe. Ohne Weide warteten sie auf ihren Einsatz als Zugtier. Futter kriegten sie aus der Scheune.

milienunterhalt und den Gelderwerb der Weinbau im Vordergrund. Die Viehhaltung dagegen war im Weinbaugebiet des schwäbischen Unterlands lediglich auf eine krisensichere Selbstversorgung ausgerichtet und hatte daher untergeordnete Bedeutung. Das war in der Regel schon sichtbar an den geringen baulichen Vorkehrungen für das Milchvieh und sein Futter. Wenn überhaupt, so bot das Weingärtnerhaus nur schmalen Platz für eine oder zwei Kühe.

Unser Stall war vergleichsweise großzügig für drei Kühe bemessen, als zentraler Raum in unserem separaten Nebengebäude untergebracht, unter einem Dach mit *Schuira,* Heu-und Kornbühne, Waschküche, *Moschte* und *Riebakeller.*

Die »Hintere Türe« führte von den Treppen des Wohnhauses in den Hof zwischen den beiden Gebäuden. Überdies konnten die *Dote* und der Christianvetter von ihrer Veranda über eine kurze Holzstiege den Hof und damit den Eingang zum Stall erreichen. Auf dieser »unteren« Veranda lagerte auf einer langen, weiß gestrichenen Bank das Melkgeschirr: Melkkübel, Seiher und Milchkanne. An einer Wäscheleine hing dort auch das *Seihtüechle,* ein locker gewebtes Nesseltuch.

Nachdem die *Dote* Marie am Morgen in ihrem Herd Feuer gemacht und Wasser aufgestellt hatte, ging sie hinaus auf die Veranda, nahm ihren Melkkübel und bewegte sich hinüber in die Waschküche. Dort hingen an verschiedenen Nägeln die Stallkleider und Stallkopftücher der Frauen sowie die *Stallwämmesla* und *Stallschierz* der Männer. Auf dem Boden standen die *Stallschue*: alte, ausgelatschte und degradierte Arbeitsschuhe. Über ihr *Weartigkloid* zog die *Dote* das Stallkleid an und band sich das Kopftuch um ihre grauen Haare. Sie schlüpfte aus ihren Hausschuhen in die Stallschuhe, dann schob sie den Riegel der Stalltüre zurück, drückte die Tür auf, hinter der die Kühe muhten und das Schwein quiekte, und trat mit ruhiger Würde die eine Stufe in den Stall hinunter. Der Tag hatte begonnen.

In der Nische hinter dem *Säuschtall* standen die vierbeinigen Melkschemel. Sie waren etwa 45 cm hoch, im Sitzbrett war ein Handgriff ausgesägt zum Tragen. Den Ihrigen trug die *Dote* zu ihrer *Scheck* und stellte ihn hinter das Tier.

Die Mutter war nun auch gekommen in ihrem *Stallhäs* und mit ihrem Melkgeschirr. Sie hatte draußen in der Scheune die Futterläden geöffnet und den Kühen ein wenig Futter in die lange Krippe gepackt, an der sie jeweils mit einer längeren Kette festgebunden waren. Fressend blieben sie beim Melken ruhiger stehen. Als Erstes begutachteten die Frauen die Euter. Es kam vor, dass sich die Kühe bei Nacht in den Mist gelegt hatten und Reste davon am Euter hafteten. In einer *Schapfa,* einem becherartigen kegelstumpfförmigen Gefäß mit Holzstiel wurde Wasser geholt und die Euter damit abgewaschen. Manchmal hatten die Kühe auch die Schwanzquasten in die Gülle gelegt, die ein Kuhfladen in der *Lacharenna* aufgestaut hatte, so dass sie nun nass und schmutzig waren. Dann mussten auch die Schwänze gewaschen werden. Manche Kühe hatten die üble Angewohnheit, den Schwanz der Melkerin um die Ohren zu schlagen, auch wenn es keine Mücken gab. Wenn das zu erwarten war, wurde die Quaste lose an das linke Hinterbein der Kuh gebunden.

Ehe sich die Frauen nun zum Melken setzten, entnahmen sie einer großen Dose *a Bätzle* Melkfett, zerteilten es auf den Händen und massierten mit den so eingefetteten Händen das Euter, »damit's koane Schronda geit«. Sie setzten sich dann auf der rechten Seite der Kuh auf den Melkschemel. Nun wurden die *Schtrich* kreuzweise in die Hände genommen (die linke hintere Zitze also gleichzeitig mit der vorderen rechten). Über dem Melkkübel wurde mit festem, gleichmäßigem Druck die Milch herausgestreift. Der Melkkübel hing zwischen den Knien und lag mit seinem verbreiterten Rand auf den Oberschenkeln der Melkerin. Ihr Kopf stemmte sich leicht gegen die Flanke der Kuh. Es schien, als ob dieser Druck das Tier beruhigte und es so williger Milch abgab. Das Ergebnis war auch nicht jeden Tag gleich. Manchmal sagte die Mutter: »Hait hôt se d' Milch et reacht ra:glao«.

War das Euter *ausg'molka,* so wurde der Melkeimer hinausgetragen auf den Gang. Dort war die Milchkanne *g'richtet:* Der bauchige »Seiher« war mit seinem engeren Ende auf die Zehn-Liter-Kanne gesetzt, die flache, durchlöcherte Aluminiumscheibe auf das engere Teil, darauf war das Vlies gelegt worden. Darüber wurde noch ein kuppelförmiges, durchlöchertes Sieb platziert, und zum Schluss klammerte die Mutter das *Seihtüechle* mit vier Wäscheklammern am Rand des Seihers fest. Nun wurde die Milch in das *Seihtüechle* geschüttet: Sie verschwand gluckernd in dem Aggregat von Filtern und sammelte sich gereinigt in der Kanne. Die Milchkanne trug man nach dem Melken hinüber in die Küche der *Dote*. Dort wurde Milch für den eigenen Bedarf, am Abend auch für die privaten Milchkundinnen aus der Nachbarschaft, entnommen. Inzwischen war auch der Martin gerufen worden, der die Milch ins *Milchhäusle* tragen sollte.

Im Stall hatten der Vater und der Christianvetter sich der Kühe angenommen: Mit dem Striegel, einer Blechplatte mit aufrecht stehenden, abgestumpften Eisenzacken, die zur Führung an einem Holzstiel befestigt war, sowie mit einer ovalen Bürste wurden die Kühe gestriegelt und gebürstet. Sie ließen sich diese Behandlung wohlig gefallen. Dann wurde der Mist hinausgeschafft auf die Misten, die beiden Dunglegen links und rechts vor der hinteren Stalltür. Dazu gebrauchten die Männer die vierzinkige Mistgabel. Nach dem Ausmisten bekamen die Kühe eine frische Strohunterlage auf ihren harten, gerastert profilierten Stallboden. Und schließlich gaben die Männer noch reichlich Futter in die Krippe, so dass es den Kühen bis zum Mittag reichen würde. Für das Tränken brauchte man in unserem modernen Stall nicht zu sorgen, weil beim Bau des Stallgebäudes 1933 gleich Selbsttränken eingebaut worden waren. In den schalenförmigen Trinkbecken konnten die Tiere durch leichten Druck ihrer Mäuler auf ein federndes Ventil den Wasserzufluss selber öffnen. Dabei erwies sich nebenbei, dass die Tiere ihre Trinkzeiten ganz anders wählten, als wir Menschen sie ihnen zuvor mit unseren Trinkeimern aufgezwungen hatten.

Der Martin war in der Küche erschienen und hatte sich alsbald mit der Milchkanne auf den Weg ins *Milchhäusle* gemacht. Diese staatliche Sammelstelle befand sich »am Eck«, einem zentralen Platz im Dorf. Im gefliesten, kühlen, halbdunklen Innenraum standen die »Milcherinnen« in weißen Kittelschürzen und Gummistiefeln, das Päule und die Elise, hinter dem Schreibpult beziehungsweise hinter dem runden, hohen Gefäß, in das die Milch geschüttet wurde. Dieses Gefäß hatte einen oben in der Mitte eingesägten Querstab, durch den ein senkrechter Stab lief. Der endete oben in einer Art Henkel und war unten in einem Schwimmer befestigt. Eine Skala auf dem Längsstab zeigte an, wie viele Liter in das Gefäß geschüttet wurden. Der Martin nahm seine Milchkarte aus einem Regal, legte sie auf das Schreibpult und schüttete seine Milchkanne in das Gefäß. Der Schwimmer (und mit ihm die Messanzeige) stieg hoch und kam zum Stillstand. Das Päule las die Ziffer ab, die unter dem Querstab zu erkennen war, und die Elise trug die genannte Zahl unter der Rubrik »morgens« unter dem Datum des heutigen Tages ein. Dann kippte das Päule das Gefäß um, so dass die Milch in einen großen, rechteckigen Bottich floss. Der Martin steckte seine Milchkarte wieder ins Regal an ihren Platz, nahm seine Milchkanne und machte sich auf den Heimweg.

Später kam der Albert, der Ältere der beiden »Milchers«-Brüder, mit seinem Lastwagen. Zuerst wurde die Abendmilch in den schweren Zwanzig-Liter-Kannen auf den Lastwagen geladen. Sie war wohl über Nacht mit Eisblöcken gekühlt worden, deren Reste, mit Stroh vermischt, an heißen Sommertagen gerne von der Dorfjugend aufgegriffen und gelutscht wurden. Seit der Heiner, der Jüngere, samt seinem Lastwagen zu den Soldaten eingezogen worden war, beförderte der Albert sowohl die Abend- als auch die Morgenmilch gleichzeitig zum Milchhof in Stuttgart. Aus dem großen, rechteckigen Tank wurde nun auch die Morgenmilch in Zwanzig-Liter-Kannen abgefüllt und auf den Lastwagen geladen. Ein junger, kräftiger Mann aus dem Dorf half beim Aufladen und begleitete den Transport nach Stuttgart. Die beiden »Milcherinnen« waren noch eine Zeitlang damit beschäftigt, das *Milchhäusle* sauber zu machen, mit viel, viel Wasser.

Zuhause hatten indessen auch die Melkerinnen gründlich das Melkgeschirr gereinigt: die Seiher und das *Seihtüechle* mit heißem Wasser. Das Vlies aus dem Seiher wurde mit

Bild gegenüberliegende Seite: Junge Familie mit Kuhfuhrwerk vor einem gestelzten Wengertershaus. Stall, Scheune und Wohnung waren unter einem Dach, die Wohnräume im ersten Stock.

der Hand fest ausgedrückt – ins *Katzaschüssele,* um das schon erwartungsvoll die Katze strich. Der Rest des Vlieses kam ins hell lodernde Herdfeuer. Nun brachte der Martin die Milchkanne, die ebenfalls noch gründlich ausgewaschen und auf die Bank auf der unteren Veranda zum Austropfen abgelegt wurde. Aber auch das heiße Spülwasser wurde nicht weggeschüttet. Schließlich war darin verdünnte Milch, und davon konnte die Sau noch profitieren. Also wurde es dem Gemisch von Kleie, Kartoffeln und (im Herbst und Winter) weich gekochten Kürbisschnitzen zugefügt. Das zu einem dicklichen Brei verrührte Gemisch trug die *Dote* im *Säukübel* hinüber in den Stall. Sie öffnete das *Futtertürle* im *Säuschtall,* einen Holzladen, der sich nach innen über den Futtertrog öffnete, und hakte diese Klappe mit ihrem gelochten Eisenstab an einem einzementierten Bolzen fest. So konnte das Futter in den Trog geleert werden, ohne dass der gierige Schweinerüssel in die Quere kam. War dann der Laden wieder zu und fest verriegelt, so hörte man alsbald anstelle des Quiekens nur noch das Schmatzen und genussvoll lockende Grunzen der Sau.

Damit war für den Morgen die Stallarbeit erledigt. Das abendliche Stallgeschäft unterschied sich darin, dass die Kühe nicht gestriegelt wurden, dass nicht gründlich ausgemistet, sondern nur die Strohschicht ausgebessert und geebnet wurde, und dass im Winter Rüben gemahlen und gefüttert werden mussten. Die Futterrüben lagerten im Rübenkeller und wurden am Abend in der großen *Futterzorna* in den Stall geholt. In der Ecke hinter dem Schweinestall stand die *Riebamihle.* Sie war vergleichbar mit der Obstmühle und zerhackte die Rüben mit scharfen Zähnen in kleine Stücke, aber sie war nicht mit Mahlsteinen ausgestattet. Die von den eisernen Zacken zerrissenen Rübenschnitzel fielen in die *Zorna* und wurden in die Futterkrippe geschüttet. Darauf kamen manchmal ein paar Hände voll Kleie, Welschkorn oder Gerstenschrot, besonders wenn eine Kuh trächtig war. Und das schäumende Schmatzen und emphatische Nicken der Kühe bestätigte uns, dass es sich hier um Leckerbissen handelte.

In der Küche der *Dote* spielte sich am Abend noch ein wesentlicher Unterschied zur morgendlichen Milchzeremonie ab. Dorthin kamen einige oft gesprächige Milchkundinnen aus der Nachbarschaft mit ihren *Milchhäfela* und ihren *Milchkennla.* In der Zeit der Lebensmittelbewirtschaftung war es zwar verboten, privat Milch zu verkaufen, doch hier galt auch der Grundsatz, dass kein Richter ist, wo es an Klägern fehlt. Die Kinder- und die Krankenschwester vom *Schüle,* dem Gemeindehaus nebenan, holten sich selten mehr als einen halben Liter, die »Auguschtee«, die Haushälterin der alten Frau Linsenmaier, kam um einen Liter und um einen gemütlichen *Schwätz.* Doch die Arbeit der *Dote* und der Mutter ging auch bei diesem *Schwätz* ununterbrochen fort. Anzumerken ist, dass der Milchbedarf der eigenen Familie von der Morgenmilch einbehalten wurde. So konnte jeweils morgens und abends ein ähnliches Quantum Milch abgeliefert werden.

Ums *Milchhäusle* herum war abends ein reger Betrieb. Dort traf sich die Dorfjugend – auch die, die weder Milch abzuliefern noch abzuholen hatte, und manchmal kamen sogar noch Heranwachsende aus Nachbarorten hinzu. Ich selbst hatte den strikten Auftrag: »Du gôhscht aber glei hoam, wenn dei Milch a:glieferet hôscht.« Trotzdem leistete ich mir ab und zu ein schlechtes Gewissen, indem ich mit Klassenkameradinnen das eine oder andere Wort wechselte. Sicherer schien es, die Söhne zum Milchhäusle zu schicken. Doch auch deren längere Abwesenheit wurde mit Misstrauen quittiert.

Manchmal bekam man im *Milchhäusle* ein paar Liter sauer riechende Magermilch als Rückfracht in die Kanne geschüttet. Der »Milcher« hatte sie vom Milchhof mitgebracht. Sie wurde zuhause für das Schwein und die Hühner verwendet und wohl auch mit dem monatlichen Milchgeld verrechnet.

Von Zeit zu Zeit bekam man auch Butter im *Milchhäusle*, bemessen nach der Anzahl der Familienmitglieder. Auch diese Butter wurde in die Milchkarte eingetragen und mit dem Milchgeld abgerechnet.

Einmal im Monat war an einem Nachmittag der »Rechner« im *Milchhäusle* und zahlte das Milchgeld bar aus. Dieses Geld war der Verdienst der Frauen, um den sie sich Tag für Tag, morgens, mittags, abends, sommers und winters abrackerten. Denn die dafür erforderliche Arbeit schloss ja nicht nur das Stallgeschäft ein, sondern auch das gemeinsame Futterholen, das nur am Sonntag ausfiel, weil man am Samstag die doppelte Ration eingefahren hatte. Selbst am Pfingstmontag fuhr man morgens so früh in den Klee, dass man um neun Uhr wieder daheim war und in die Kirche gehen konnte. Urlaub gab es keinen, allenfalls einen Tagesausflug, eine Maienwanderung oder einen Sonntagsspaziergang. Der aber war für uns Kinder äußerst wichtig. Martin äußerte sich einmal trotzig entschlossen: »I wur' koa Wengerter – nô ka' mei Weib au am Weartig mit de Kender schpazieregao.«

Doch zurück zur Milcherzeugung: Wie kam es dazu, dass die Kühe Milch gaben? Von Zeit zu Zeit hieß es: »Dui Kuah renderet.« Was das bedeuten sollte, wollten wir Kinder wissen. »Die Kuh möchte wieder ein *Kälble* haben, sie wird dann ganz unruhig«, wurden wir unterrichtet. Drunten am Ortsende, dem Bach zu, war der *Farreschtall.* Der Farrenwärter war von der Gemeinde angestellt. Er kam jeden Morgen und jeden Abend vom anderen Ende des Dorfes, wo er mit seiner großen Familie wohnte. Er versorgte die Farren und den Bock und betreute auch das Decken der Kühe und der Geißen. Kinder hatten dabei nichts zu suchen: Das zu beaufsichtigen war eine Sache zwischen Erwachsenen, zwischen dem Vater und dem Farrenwärter.

War nun die Kuh gedeckt, so ging im Stall alles weiter wie zuvor. Die Kuh gab weiter Milch, arbeitete weiter als Zugtier, bekam weiter ihr gewohntes Futter. Aber einige Wochen vor dem errechneten Termin, etwa acht Monate nach dem Decken, wurde die breit gewordene Kuh *trucka g'schtellt* – sie wurde nicht mehr gemolken. Alle Kraft sollte dem ungeborenen Kalb zugutekommen.

Am liebsten war es dem Vater, wenn das Tier *selber brenga* konnte, und das war auch öfters der Fall. Aber *om da Weag sei* musste man schon. Man konnte ja nie wissen … Wenn die großträchtige Kuh unruhig wurde, blieb jedenfalls der Vater oder der Christianvetter in der Nähe des Stalls, auch wenn sonst die Arbeit drängte. Ja, es konnte auch vorkommen, dass ein Nachbar oder eine Nachbarin aufs Feld gelaufen kam und berichtete, dass im Stall etwas nicht in Ordnung sei. Man wusste ja um die Angelegenheiten des Nächsten und war behilflich, ohne sich zu sehr einzumischen. Im Haus und im Stall herrschte natürlich um die hochträchtige Kuh eine erhebliche Unruhe, die sich auch uns Kindern mitteilte. Aber aus dem Stall waren wir unter diesen Umständen verbannt. Einmal stand ich in der Waschküche, als die *Dote* in den Stall ging und die Türe einen Augenblick offen ließ. Da sah ich die Kuh auf der Streu liegen. Hinten schauten zwei Füße heraus, an denen der Vater je einen Strick befestigte. Dann ging die Stalltüre wieder zu und ich konnte mir nur noch Gedanken darüber machen, was da drinnen wohl weiter geschah.

Eine kurze Zeit später wurden wir freilich wieder in den Stall gelassen, um das neugeborene Kalb zu sehen. Es lag klitschnass der Kuh zur Seite, und diese leckte es kräftig mit ihrer rauen Zunge ab. Nicht lange, so zappelte das Kälbchen mit den Beinen, und dann versuchte es, auf die Hinterbeine zu kommen. Das gelang nicht aufs erste Mal. Ein paarmal plumpste es wieder zurück. Aber dann fanden die Hinterbeine Halt, und die Vorderbeine und mit ihnen das ganze Kalb. Zuerst war das Kleine noch wackelig zu Fuß, aber schon fing es an, sich zu orientieren und nach dem Euter zu suchen. Die Mutterkuh lenkte es ein wenig mit dem Maul in die richtige Richtung, und dann fand es tatsächlich einen *Strich* am Euter, seine erste Zitze. Ganz andachtsvoll hockten wir auf dem Gang und verfolgten diese Entwicklung gespannt, im Herzen eine

Die Stallarbeit diente in erster Linie der Selbstversorgung mit Milch und Butter, aber das setzte voraus, dass die Kühe ab und zu Kälbchen hatten.

große Freude und ein stilles Glück. Eines nur gefiel mir nicht: Das Kälbchen stieß immer wieder mit dem Kopf nachdrücklich gegen den Bauch seiner Mutter. Doch unsere Mutter erklärte, dass das Kalb auf diese Weise den Milchfluss fördere.

Nur einmal zogen wir ein Kuhkalb auf. Es wurde nach kurzer Zeit »aus dem Eimer« gefüttert. Es erhielt dann verdünnte Milch, dazu Kleie oder Gerstenschrot, bald auch Grünfutter. Die unverdünnte, unvermischte Kuhmilch hingegen bekamen wir und das *Milchhäusle*.

Das junge Kalb saugte nicht alle Milch ab, die im Euter seiner Mutter produziert wurde. Man musste also das Euter von Hand aus-

War das Kalb groß genug, so holte es der Metzger während die Kinder in der Schule waren. Er bezahlte gut.

melken. Die Milch des ersten Tags, die Biestmilch, hatte eine besondere Beschaffenheit: Sie war reich an Kasein und auch an Fett. Sie konnte nicht auf die übliche Weise verbraucht werden. So wurde sie in eine feuerfeste Schüssel geleert, ein klein wenig gesalzen und im Herd in den »Bratofen«, das Fach neben der Feuerung, geschoben. Zwischen der Feuerung und dem Bratofen war eine dicke Schicht von Schamottsteinen. Es wurde dort zwar warm, aber nicht heiß genug zum Kochen und Backen. Auch hielt sich dort die Wärme sehr lange. Ich erinnere mich nicht mehr, wie lange die Schüssel mit der Biestmilch dort blieb. Wenn die Mutter sie herauszog, war jedenfalls die Milch fest geworden wie ein Pudding. Beim Anschneiden sah man oben eine dicke, gelbe Schicht, darunter einen blassgelben *Käs* mit ganz kleinen Poren. Wir ließen uns von dem *Kiehbrieschter* eine Scheibe geben. Er schmeckte seltsam süßlich, und ich erinnere mich, dass die eine Scheibe *haufagnueg* war für mich, auch wenn man vom *Kiehbrieschter* nehmen konnte, so viel man nur wollte. Der größte Teil dieses Puddings hat wohl die Hühner beglückt. Für eine Woche durfte die Milch einer *nuimilka Kuah* nicht mit der übrigen vermischt und ans *Milchhäusle* geliefert werden.

Die Schlachtkälber wurden dreimal am Tag »ans Euter gelassen«. Die übrige Zeit waren sie in einem Verschlag untergebracht – in Sichtweite der Mutterkuh neben dem *Säuschtall.* Zwischen den Kühen wäre es zu eng gewesen; außerdem sollte das *Kälble* nicht nach Lust und Laune ans Euter.

Nach wenigen Monaten war das Kälbchen groß genug. Bei Bedarf an Kalbfleisch kam der Metzger, um es zu holen. Er kam jeweils am Vormittag, wenn die Kinder in der Schule waren. Wenn wir dann heimkamen, war der Kälberverschlag leer. Manche Träne floss um das muntere Tierchen, aber der Alltag ging darüber hinweg. Auch war in der Zeit seiner Anwesenheit kein ganz inniges persönliches Verhältnis mit dem armen, verhinderten Springinsfeld zustande gekommen. Denn die Kälbchen bekamen keine Namen, sie hießen einfach *Hammele.* So wurde das vorjährige *Hammele* jedes Jahr durch ein neues *Hammele* ersetzt, das wiederum nach einigen Wochen unter traurigen Umständen aus dem Stall verschwunden war, uns aber dann täglich genügend frische Milch hinterließ.

Nicht alle Milch wurde freilich frisch getrunken. Eine unserer wichtigsten Lebensgrundlagen war *g'schtandena Milch.* Nach dem morgendlichen Melken wurden zwei oder drei graue Steinguttöpfe bereitgestellt. Sie fassten jeweils einen Liter, wurden bis unter den Rand mit frischer Milch gefüllt und oben auf den hohen Wandschrank in der Stube gestellt. Dort unter der Zimmerdecke war es gleichmäßig warm. Wenn die Töpfe dann am Abend des zweiten Tages wieder heruntergeholt wurden, hatten sie oben eine dicke Rahmschicht, die leicht herunterrutschte, wenn man den *Milchhafa* schräg hielt. Darunter stand dann die weiße Sauermilch, die in einer Schüssel *verkleppe-ret* wurde. So konnte sie zum *Nachtessa* aufgetischt werden.

Der Sauerrahm fand vielseitige Verwendung. Er verfeinerte manchmal die Brotsupp, die damit zur *Raosupp,* der Rahmsuppe, verwandelt wurde. Der Rahm wurde auch aufs Brot gestrichen und so, mit ein wenig Salz, als *Raobrot* gevespert. Manchmal war auch so viel Sauerrahm zusammengekommen, dass man das zwei Liter fassende *Butterfässle* hervorholte und mit dem darin eingebauten, durchlöcherten Stampfer Butter »stieß«. Diese selbstgemachte Sauerrahmbutter schmeckte allen sehr, und es war meist nicht genug davon da. Sie war weicher und vollmundiger als die von der Milchgenossenschaft rückgelieferte und mengenmäßig streng zugeteilte Butter. Überdies war auch die Buttermilch, die da beim Butterrühren entstand, ein sehr beliebtes Getränk.

Der höchste Genuss aber war der *Breschtlingsschlagrahm* zur Erdbeerzeit. Den gab es allerdings nur zum Sonntagsvesper, und oft genug waren dann auch Besucher da, die ihn mit uns genossen. Doch er blieb uns, jenseits von *Brotsupp, Ebira ond g'schtandener Milch,* das ganze Jahr über – und schließlich ein Leben lang – in paradiesischer Erinnerung.

's Spätjôhr

Die Tage wurden nach dem »Herbscht« immer kürzer, kälter und unwirtlicher. Aber die Arbeit im Weinberg war noch nicht ganz abgeschlossen. Da wurde jetzt *uftrennt.* Mit der *Hôpa* wurden die Reben von den Pfählen gelöst, die *Drôhdel* aus Ranschaub und Weide von oben nach unten durchschnitten. Die Reste von Ranschaub und *Band* fielen zu den Blättern am Boden und verfaulten dort bis zum Frühjahr.

Bei dieser Tätigkeit fanden sich immer wieder hängen gebliebene Trauben, kleine *Zäterla* und nachgereifte *Nôchtriebene.* Solange kein Frost über die Reben gegangen war, reiften diese sogenannten Herlinge noch nach. Aber nach einem strengen Frost waren sie »verbrüht«, während die reifen Weinbeeren dank ihres hohen Zuckergehalts saftig und süß blieben.

Nach dem Auftrennen wurden die Pfähle aus dem Boden gezogen. In gewissen Abständen wurden drei Pfähle schräg in den Boden gesteckt, so dass sie sich überkreuzten und gegenseitig stützten. Sie bildeten ein *Rössle.* Darauf wurden die ausgezogenen Pfähle flach gelagert. Ruhig und geduckt wie hockende Vierbeiner schauten sie scheinbar lauschend ins Tal. Die Herbst- und Winterstürme konnten jetzt ungehindert über diese »Schrägen« hinwegbrausen.

Bild gegenüberliegende Seite: Winter über dem Weindorf. Zwischen Kirche, Schloss und Kelter sieht man im Vordergrund außer den Zeichen der Ruhe auch die tiefen Spuren frischer Arbeit.

Die Äcker lagen teilweise brach. Auf einigen war bereits der Winterweizen oder die Wintergerste aufgegangen und bildete einen hellgrünen Filz in der sonst braunen Landschaft. Die Kopfweiden waren ihrer schlanken Gerten beraubt, die zu dienstbaren Weidenbüscheln geschnürt, hinter den Häusern aufs nächste Jahr warteten. Die Obstbäume streckten ihre kahlen Äste gen Himmel. Der Schnee mochte jetzt kommen, wann er wollte.

Literaturempfehlungen

Zur Geschichte und zur Modernisierung schwäbischer Dörfer:

Akademie Ländlicher Raum und Staatsanzeiger für Baden-Württemberg (Hrsg.): *Das Dorf – Neue Geschichten aus Baden-Württemberg.* Tübingen 2001.

Forster, Wolf Dieter (Hrsg.): *Schnaiter Heimatblätter – Beiträge zur politischen Kultur- und Heimatgeschichte in Weinstadt.* Weinstadt-Endersbach 1987.

Frommer, Max: *Vom Leben auf dem Lande – Isingen 1910.* Stuttgart 1983.

Frommer, Helmut; Bizer, Hermann: *1950 – ein schwäbisches Dorf.* Tübingen 2005.

Janssen, Roman (Hrsg.): *Leben in Kayh – Ein Dorf und 800 Jahre Geschichte.* Herrenberg 1990.

Jänichen, Hans: *Beiträge zur Wirtschaftsgeschichte des schwäbischen Dorfs.* Stuttgart 1970.

Jeggle, Utz: *Kiebingen – eine Heimatgeschichte: zum Prozess der Zivilisation in einem schwäbischen Dorf.* Tübingen 1977.

Kallenberg, Dorothea: *Was dr Schwob schafft – Der ländliche Alltag einst und heut'. Mit Fotos von Gerhard Bäuerle.* Stuttgart 1987.

Landesstelle für Museumsbetreuung Baden-Württemberg/Arbeitsgemeinschaft der sieben regionalen Freilichtmuseen in Baden-Württemberg: *Dorf unterm Hakenkreuz – Diktatur auf dem Land im deutschen Südwesten 1933–1945.* Ulm 2009.

Mahlerwein, Gunter: *Aufbruch im Dorf – Strukturwandel im ländlichen Raum Baden-Württembergs nach 1950.* Stuttgart 2007.

Maisch, Andreas: *Notdürftiger Unterhalt und gehörige Schranken – Lebensbedingungen und Lebensstile in württembergischen Dörfern der frühen Neuzeit.* Stuttgart 1992.

Oertel, Dietrich: *Dorfentwicklung in Baden-Württemberg – Erfahrungen und Probleme.* Stuttgart 1986.

Sauer, Paul: *Wolfsölden – Jugend in einem schwäbischen Dorf.* Tübingen 2007.

Walter, Heinz E.: *Schnait im Remstal 1238–1988 – 750 Jahre.* Ortsbuch herausgegeben im Auftrag der Stadt Weinstadt. Weingarten-Schluchtern 1988.

Wehling, Hans-Georg (Hrsg.): *Das Ende des alten Dorfes?* Stuttgart 1980.

Dazu kommen für die 1950er-Jahre die zahlreichen Bildbände des unübertroffenen Dorffotografen und Lehrers von Neenstetten, **Eugen Sauter** (Gudensberg-Gleichen).

Glossar

Aufgeführt und erläutert werden hier vor allem schwäbische Wörter und Begriffe, die sich im Hochdeutschen nicht leicht erschließen oder deren Spezialbedeutung nicht ohne weiteres gegenwärtig ist.

Aberzornen Sekundärtriebe, Geiztriebe, besonders im Weinbau und bei Tomaten

a:brockla Kartoffeln und Maiskörner von ungenießbaren Pflanzenteilen lösen

Ackersalat Feldsalat, Rapunzel

Ackerschnalla Klatschmohn

a:donkla Wohnung in Kriegszeiten bei Luftalarm nach außen abdunkeln

Alte Gäul Guter Heinrich (bot. Chenopodium bonus-henricus)

A'schtreichbierschtle kleine Bürste zum Einfetten oder Eincremen von Schuhen

A:reibbierschta große, grobe Bürste zum Abreiben groben Schmutzes von Schuhen

ausgeiza Sekundärtriebe ausbrechen

auskniefera Samen von Linsen, Bohnen etc. aus Schoten und Kapseln lösen

auswenda auswringen

Bachschtoakäs kubisch geformter Weichkäse, z.B. Romadur, Limburger

Bachhäusle kommunales Backhaus

Bainela weiße, kleine Kernbohnen

Bandmacha Weiden zuschneiden und schlitzen

Bandschloißa Handwerkszeug zum Weidenschlitzen

Baunaschtecka Bohnenstecken

Batsch Gruß mit Handschlag

Bausch dickes Stoffpolster zum Tragen von schweren Körben auf dem Kopf

Behnelada Dachladen zum Einholen von Vorrat

Beige, Beigle Stapel, groß oder klein (z. B. von aufgeschichtetem Holz, von Wäsche, aber auch von geschnittenem Kirschkuchen

benda Rebstöcke an Pfählen oder Pfosten festbinden

Biestmilch erste Kuhmilch nach der Geburt eines Kälbchens

Blocker schwere Bodenbürste mit langem Stiel, zum Bohnern

Blonza auch: →Saumaga, gesäuberter Schweinemagen oder Dickdarm, gefüllt mit Blut- oder Griebenwurst

Böckle zum Trocknen aufgestellte, provisorisch zusammengebundene Getreidebüschel

Bondel Bündel

Bräter große, schwere Bratpfanne

breaglet (-e Ebira, Schpätzla) mit Fett in der Pfanne gebraten

Breckela kleine Brocken

Breschtleng Gartenerdbeeren

Brezgeda Brezel, auch: gedrehte Weide zur Verwendung als Tragriemen

Brockela Erbsen

Brôtbira Bratbirnen (Birnensorte)

Brotschnietla kleine, dünne Brotscheiben für Brotsuppen

Brotsupp Wassersuppe aus altem Schwarzbrot

bsiea Weinstöcke gegen winterliches Erfrieren mit Erde andecken oder mit Eisenhaken am Boden festklammern

Bulldogg Traktor

Buschla großes, schweres Büschel (insbesondere Weiden oder Ranschaub)

Butta Butten, Rücken-Traggefäß (ca. 50 l) in unterschiedlichen Ausformungen für Erde, Flüssigkeit oder Weintrauben

Butterkäs mit Butter und Schnittlauch vermischter Weichkäse

Butza fest verschnürte Öffnung eines vollen Sacks

dengla eine Sense mit flachen Hammerschlägen schärfen

Döte Patenonkel

Dötle Patenkind

Doggaschtuba Puppenstube

Doigle kleines Stückchen Teig

Dote Patentante

Drôhdel elastische Befestigung aus Weide oder Ranschaub (im Weinbau)

Eberleng oberster Boden im Dach eines Hauses

Ebira Kartoffeln

Ehle Großvater

ei'schießa Brot in den Backofen schieben

emda veredeln, pfropfen (im Obstbau)

Erberla Walderdbeeren

Erdaloch (im trad. Weinbau) tiefer Graben zur Gewinnung mineralhaltigen Bodens

Erda tra: Erde tragen, traditionelle spätwinterliche Schwerarbeit im Weinberg

Ermelschurz Kleiderschürze

Farreschtall kommunale Einrichtung, in der Kühe von Zuchtstieren gedeckt werden

Fasnetskiechla schmalzgebackenes Hefegebäck, traditionell zur Fastnacht

Fürchputza das sommerliche Ausjäten oder Ausgrasen der gepflasterten oder als Wegrain belassenen Weinbergfurchen

Gaiern durch Querrinnen begrenzte Abteilungen in Weinbergparzellen

Galga (bei der Hausschlachtung) Stützvorrichtung zum Aufhängen und Zerteilen des geschlachteten Schweins

Garbeschtrickla spezielle Bindeschnüre mit buntem Knebel für Getreidegarben

Gelta Flüssigkeitsbehälter, gefüllt tragbar an zwei Handgriffen (ca. 5–30 l)

Girkla kleine Gurken zum Einmachen

Glanzbierschta Schuhbürste aus Tierborsten, zum Polieren

Gockelgaich Wiesenbocksbart (bot. Tragopogon)

Grätta Körbe aller Art

Greaba Rückentragkorb aus Weidengeflecht

Grieba ausgelassene Speckwürfel

Griebawurscht Blutwurst mit Speckwürfeln

Grießknepfla kleine Knödel aus Weizengrieß

grueba ausruhen

Gruebbank Abstellvorrichtung an Wegkreuzen aus Stein oder Holz, auf der Lasten in verschiedener Höhe abgesetzt und nach einer Ruhepause wieder leicht aufgenommen werden können

G'sälz Marmelade, Konfitüre

G'schta'k Gestank

g'schtandena Milch Sauermilch

Guetsle kleines, süßes weihnachtliches Gebäck

Gurtla Ledergurt zum Umbinden von Körben und diversen Arbeitsmitteln

Haberrecha Sense mit senkrechtem Schirm für die sorgsame Mahd des Getreides
Hacket hektische Zeit des Frühjahrs, in der die Böden der Weinberge umgehackt wurden
Häuble Kopfbedeckung, unter dem Kinn gebunden, z.B. für kleine Mädchen
Häuptla aus frischer Erde aufgeworfene Schwelle unterhalb der Querrinnen im Weinberg, oberes Ende eines → Gaiern
Hafa, pl. Häfa Topf auf Herd oder Tisch
Haiet Heuernte
Halbschurz Schürze ohne Brustlatz
Hammele Jungkalb, männlich oder weiblich
Hanga Vorrichtung zur hängenden Aufbewahrung der Brotlaibe
Haue, Felghaue Hacke mit flach schürfendem Eisen
Haufa Haufen, auch: Heuhaufen
Heardärm Vogel-Sternmiere (bot. Stellaria media)
Hefel Sauerteig
hefta neu ausgetriebene Weinranken mit Ranschaub am Pfahl festbinden
Heftgurtla Ledergurt zum Umbinden eines →Heftschaibles
Heftschaible kleines Büschel aus Heftgras (Ranschaub)
herbschta Weintrauben lesen
Herlinge späte, kleine Trauben der Geiztriebe
Holderkiechla in Pfannkuchenteig getauchte, in Schmalz gebackene Holunderdolden
Holzufmacha Brennholz von Baumgrundstücken oder vom Wald gebrauchsfertig bearbeiten
Hôpa Winzermesser, gekrümmt, mit festem Griff
Hôpamesser Winzermesser, klappbar
Hurda hölzerne Ablagefläche zur Aufbewahrung von Brechobst
Jäckle kleine, gehäkelte oder gestrickte Jacke
Kächelestee Tee aus Mohnkapseln, opiumhaltig
Käpple Mütze für Kleinkinder
Käpsela Zündplättchen, kleine Knallkörper
Kaiwurm Heuwurm, Schädling im Weinbau
Kaiza Holztraggerüst für Brotlaibe
Kammerza Weinstock an einer Hauswand oder hohen Mauer
Karscht zweizinkige Hacke für schwere oder steinige Böden, insbes. auch für die Kartoffelernte
Kiehbrieschter zu einer puddingartigen Masse erstarrte Biestmilch
Kirbe Kirchweih
Kirbsa Kürbis
Kirschagrätta ovaler Kirschkorb, mit seitlich angebrachtem Henkel
Kirschahôka langer, S-förmiger Eisenhaken zum Einholen und Festhalten von Kirschzweigen
Kirscha ra:doa Kirschen pflücken (mit Stiel) zum Verkauf
Kirscha zopfa Kirschen pflücken (ohne Stiel) fürs Schnapsfass
Kisseziecha Kissenüberzüge
Kittele leichte Jacke aus Baumwolltuch; beim Kleinkind aus Baumwollgewirk
Klemmerla Wäscheklammern
Knallsacha Knallkörper und -geräte
Knollakäs Frischkäse aus erwärmter Sauermilch, gewürzt mit Salz, Kümmel oder Schnittlauch
Kompf Wasserbehälter für den Wetzstein, wird am Hosengurt des Mähers eingehängt

Kopftuech verbreitete Kopfbedeckung für Landfrauen
Kräha großes, ungefüges Brennholzbüschel aus Ästen und Zweigen
Krähle kleines Brennholzbüschel, handlich zerkleinert
Krageknepfla Knöpfe zur Befestigung des gesteiften Kragens am Herrenhemd
Kranket Sammelbegriff für Blattkrankheiten im Weinbau, insbes. Peronospora
Krauthobel Vorrichtung zum Schneiden von Krautköpfen
Krautstande hölzerner Bottich zur Gärung und Aufbewahrung von Sauerkraut
Krautstempfel hölzernes Gerät, mit dem geschnittenes Sauerkraut und Salz in der Krautstande festgestampft werden
Kressich Kresse
Krucka Holz- oder Eisengerät mit langem Stiel, zum Ziehen oder Schieben heißer Glut u.a.m.
Lacha Gülle, Jauche
Lacharenna Rinne im Stall, durch die die Gülle abläuft
Ländla hausnahe Äcker für Gemüse, auch: abgeteilte Beete
Ladegabel kräftige, dreizinkige Heugabel mit langem Stiel
Leabrawurscht Leberwurst
Leasere Helferin bei der Weinlese
Leible Kleidungsstück zum Einhängen der Strumpfhalter
Lender ärmellose Jacke aus Hirschleder zur Linderung der Druckstellen, mit denen ein Butten auf seinem Buttenträger lastet
Loibschießer tellerartiges Holzgerät mit langem Stiel, mit dem ein Laib in den Backofen geschoben wird
Lottersoil umlaufender Seilzug für Holz, Garben, Kornsäcke etc. in Scheunen oder an Dachläden
Luckeleskäs Frischkäse aus Quark
Margretla Margeriten, Wucherblume (bot. Chrysanthemum leucanthemum)
metzga schlachten
Migge mechanische Bremse an Holzwagen
Milchhäusle kommunale Sammelstelle für Milch und Ausgabestelle für Milchprodukte
Molda Backmulde aus Holz, metallbeschlagen; Schlachtmulde aus Metall
Morgaessa Frühstück
Moscht vergorener Apfel- oder Birnensaft
Moschtbiera Mostbirne
Moschte Räumlichkeit zur Herstellung von Most, mit Obstmühle, Presse und Zuber
Nescht geflochtene, aufgesteckte Haare einer Frau
Nôchtriebene kleine Trauben aus Sekundärtrieben
Nôdelbeischtle Knautie, Witwenblume (bot. Knautia arvensis)
Nudelbritt Holzbrett zum Auswellen von Nudelteig oder Kuchenböden
Ôbedessa Abendessen
o'bloicht Garn naturbelassenes Baumwollgarn
o'bloicht Tuech Gewebe aus naturbelassenem Baumwollgarn, Nesselstoff
Öhmd Grummet; zweiter Grasschnitt des Jahres, im August getrocknet
Ölmaga Mohn
omkaira Heu umdrehen, zur beidseitigen Trocknung

Onterschtaißer Bündel zurechtgeschnittener Weidenbänder (Weinbau)
Peterling Petersilie
Pfähla kleine Weinbergpfähle (zuletzt Brennholz); als Tätigkeit: im Frühjahr Pfähle in den Weinberg stecken
Pfengschtnägela Pfingstnelken, Kuckucks-Lichtnelke (bot. Lychnis flos-cuculi)
Pfôhlhôpa 20–30 cm lange Eisenklinge am runden Handgriff, vorn mit Spitze, zum Anspitzen von Pfählen und zum Abhacken von Zweigen und Ästen
Pfôhleisa Eisenhaken, an den Schuh geschnürt, mit dem Pfähle in den Weinbergboden getrieben (getreten) werden
Preisla Ärmelbündchen
Prügela zu handlichem Brennholz zerhackte Äste und Zweige von Obst- und Waldbäumen
Radschua Eisenvorrichtung an einer Kette, auf die man zur Notbremsung eines Wagens das Rad auflaufen lässt
Rätscha Lärminstrument aus Holzfederblatt und hölzernem Zahnrad, geschwungen vom Wengertschütz (oder Kindern) im Herbst, um Vögel zu verscheuchen
Raosupp Brotsuppe, mit Sauerrahm verfeinert
Ra'schaub Ranschaub, ca. 1,5–2 m hohes Waldgras, das im Weinbau als Heftmaterial dient
Raschpel technische Vorrichtung beim Einkeltern, zerquetscht die Weinbeeren
Reabakrähla gebündelte Reben vom spätwinterlichen Schnitt
Recha (beim Schlachten) Balken mit Zinken, an denen das geschlachtete Schwein auf den →Galgen gehoben wird
Ribela kleine Reste von den Enden eines Brotlaibs; Knäuschen, Ranft
Rieba Futterrüben
Riebamiehle handbetriebenes Gerät zur Zerkleinerung von Futterrüben
Rössle (im Weinbau) drei kreuzweise gesteckte Pfähle, die im Winter ein Bündel ausgezogener Pfähle stützen und so einen →Schraga bilden
Rompela einjährige Steckzwiebeln
ropfa jäten
Rugel gesägter Holzblock, wird zu Holzscheiten gespalten
Sacktuech großes Taschentuch
Säle gezwirbelte Salweide, deren dünnes Ende zu einer Schlaufe ausgeformt ist; mit ihr werden →Kräha und →Krähle zusammengebunden
Salzkuchen Flammkuchen mit Sauerrahm, Ei, Salz, Kümmel oder Schnittlauch
Sauerwurm Schädling im Weinbau
Saumaga auch: →Blonza, umfangreiche Blut-und Griebenwurst, in die Hülle des Schweinemagens abgefüllt
Schaffschurz Arbeitsschürze
Schapfa handliches Schöpfgefäß
Schaub großes Büschel Stroh, von der Dreschmaschine gepresst und gebunden
Scheafa Schote
Schild Vorrichtung aus Holzstangen, dienen als flächige Stützen am vorderen und hinteren Ende des hoch aufgetürmten Heu- und Garbenwagens

Schilderkappa Mütze mit Sonnenschild
Schloife zweirädriger Karren, handgezogen
Schmella Aufrechte Trespe (bot. Bromus erectus)
Schneidstuhl Vorrichtung zum Anspitzen von Weinbergpfählen
Schneidtrauba Tafeltrauben, bei der Weinlese sorgsam beiseite gelegt
schora mit dem Spaten umgraben
Schoppa Nuckelflasche für Säuglinge; auch: ein halber Liter Wein
Schparta Spaten
Schpreiersäckle kleines Kissen mit Spreu im Kinderbett, beim Dreschen aufgefüllt
Schpritza (Weinbau) Bekämpfung von Krankheiten und Schädlingen mit wasserlöslichen Spritzmitteln
Schpritzeloch Wasserbehälter im Weinberg zum Ansetzen von Spritzbrühe
Schpritzeschapfa Schöpfgefäß für Spritzbrühe
Schproite freie Acker- oder Wiesenfläche; zum Trocknen von ausgelegtem Getreide oder Heugras
Schraga, pl. Schräga Gestell aus kreuzweise verbundenen Latten; im Weinbau: winterliches Lager von Pfählen, das talseitig von einem gesteckten Dreifuß angehoben ist
Schronda wunde, durch Trockenheit angegriffene oder aufgesprungene Haut
Schtampfer (Wäsche) Gerät, mit dem Waschwasser durch das verschmutzte Gewebe gedrückt wird
Schteckabauna Stangenbohnen
Schteckerla kleine, an den Rändern gezähnte Bauklötzchen aus Buchenholz, die von Kindern zu allerlei Bauwerken zusammengesteckt werden konnten
Schtirza Baumstütze
Schtôra Stare
Schtrempf Strümpfe
Schtrich (beim Melken) Milchzitze(n) einer Kuh
Schtupfela Stoppeln eines abgeernteten Kornfelds
Schuck eine kleine Menge Flüssigkeit, durch einen Stoß ausgelöst
Schuenägel Schuhnägel
Schueschmiere Schuhfett
Schuewigse Schuhcreme
Schuira Scheune
Seagbock Sägebock
Seagesa Sense
Seihtüechle Seihtuch für frisch gemolkene Milch
Semmere altes Getreidemaß; Holzbehälter mit eingebautem Querstab aus Metall, u.a. zum Trennen von Maiskörnern und Maiskolben
Setzeschtoa große Steine, auf denen die Bütten und Zuber in den Keltern gelagert waren
Setzwar Gemüsesetzlinge aller Art beim Gärtner
Sonntighäs Sonntagskleidung
Sonnawirbel Kuhblume, Löwenzahn
Sonntigschurz helle, oft weiße, verzierte Schürze für den Sonntag
Sutterkrug verschließbarer Mostkrug aus Steingut
Trägerschurz getragen von Frauen und Mädchen, mit Brustlatz und in der Taille geknöpften Trägern
Träubla Johannisbeeren

Traubawaga Leiterwagen mit gefülltem Zuber auf dem Weg zur Kelter
Trieb (beim Backen) Hefe oder Backpulver; auch: Hirschhornsalz
Turban modisch geschlungenes Kopftuch
Überzieher Wintermantel für Männer
ufroila, pperf. ufg'roilet (Heuernte) in Reihen Heu zusammenrechen
verschtraia, –t (Heuernte) in Reihen oder Haufen gesammeltes Heu zum Trocknen wieder ausbreiten
Wammes Jacke
warba (Heuernte) frisch gemähtes Gras zum Trocknen aufschütteln und ausbreiten
Wassersäckla verkrüppelte Kirschen, die nicht zur Reife gelangt sind
Wasserschtoa Spülstein (in der Küche)
Weartigschurz Arbeitsschürze (für Frauen)
Weidabuschla großes, schweres Büschel von Salweiden
Wellasoil dickes Seil zur Sicherung der hohen Fracht eines Heu- oder Garbenwagens
wellblechene Hosa Cordsamthosen
Welschkorn Mais
Welschkornbrei Brei aus Maismehl
Welschkorndogga Bündel von Maiskolben, an ihren »Federn« (→Welschkornfeadra) zum Trocknen aufgehängt
Welschkornfeadra Deckblätter der Maiskolben, getrocknet
Welschkornknepfla in der Pfanne gebackener Maisbrei
Welschkornkolba Maiskolben
Wemmesle leichte Jacke
Wenda Ackerwinde (bot. Convolvulus arvensis)
Wengert Weinberg
Wengerthäusle Weinberghäuschen
Wengertschütz mit Platzpatronen und Rätsche ausgestatteter Wächter in den Weinbergen zur Zeit der Lese
Wesch große Wäsche
Weschle kleine Wäsche
Weschzorna Waschkorb
Wetzschtoa Wetzstein für Sensen und Sicheln beim Mähen und Grasen
Wiegetsa die Menge des zu Wiegenden bzw. Gewogenen
Zäterla kleine, unansehnliche Trauben
zemarechna, pperf. zemag'rechnet zusammenrechen
Zemarechneda das Produkt des Zusammenrechens
zemaschla:, pperf. zemag'schla: das Heu zu Schwaden zusammenziehen
Ziecha Bettüberzug
Zigore Ersatzkaffee aus den Wurzeln der Pflanzengattung Cichorium
Zorna aus Weiden geflochtene zweihenklige Körbe
Zuber, pl. Züber Holzbottiche, insbesondere für die Weinlese, auch für Wäsche
Zuckerscheafa junge, grüne Schoten der Zuckererbse
Zweter Pullover (aus engl. sweater)

Bildquellen-Nachweis

Archiv Andreas Kuhnle, Stuttgart/Foto Carl Lachenmann: S. 17, 26, 53, 63, 64, 91, 92, 103, 106, 108, 120, 123, 126, 128, 140, 143, 146, 148, 170.
Archiv Hartmut Lachenmann, Backnang/Foto Carl Lachenmann: S. 57, 61, 151, 166, 168.
Archiv Richard Lenz, Weinstadt: S. 49, 75, 152, 159, 160.
Archiv Rudolf Schiller, Stuttgart/Foto Ernst Schiller: S. 12, 41, 59, 67, 69, 70.
Archiv Silberburg-Verlag: S. 4, 174.
Archiv Christa Stilz, Aichwald: S. 9.
Archiv Christa Stilz, Aichwald/Foto Gottfried Stilz: S. 6, 10, 19, 21, 37, 73, 79, 88, 93, 95, 104, 134, 147, 163, 185, 186, 189.
Archiv Hilde Stilz, Weinstadt: S. 173.
Archiv Reinhold Stilz, Weinstadt: S. 156, 180.
Gerhard Bäuerle: S. 29, 47, 81, 118.
Heimatverein Schwaikheim/Foto Knapp: S. 133.
Heimatverein Stammheim, Alfred Motzer: S. 131.
Richard Lenz, Weinstadt: S. 2, 23, 24, 32, 35, 39, 45, 50, 82, 84, 85, 86, 98, 99, 101, 111, 113, 114, 137, 157.
Sammlung M. Kauffmann, Beutelsbach: S. 107.
Stadtarchiv Weinstadt: S. 15, 153, 155.
Stadtarchiv Weinstadt/»Das Gundelsbacher Täle«, hrsg. von Gundelsbacher Familien, (Bildband) 2006: S. 30, 80.
Lydia Stilz, Weinstadt: S. 77.
Reinhold Stilz, Weinstadt: S. 72, 97, 124, 177.

Die Autorin

Lydia Stilz, geboren 1928 in Schnait, studierte Anfang der Fünfzigerjahre am Pädagogischen Institut in Esslingen a. N. und lehrte dann an Grund- und Hauptschulen. Von England über Indien, Thailand und Indonesien bis nach Australien, vom Nordkap bis zur Antarktis lernte sie die Welt kennen. Heute ist sie wieder an ihren Geburtsort zurückgekehrt – dem Erfahrungsmittelpunkt des vorliegenden Buches.

Heute – gestern entdecken

In Ihrer Buchhandlung

Gerhard Stilz

Württemberg in den 30er-Jahren

Eine fotografische Rundreise mit historischen Aufnahmen von Ernst Schiller

Der Uhrmacher Ernst Schiller reiste in den Dreißigerjahren kreuz und quer durch Württemberg, um Bahnhofsuhren im Takt zu halten. Bei dieser Gelegenheit fotografierte er Dörfer und Städte, in die er kam. So entstand ein außergewöhnliches Zeitzeugnis – ein Panorama von Württemberg vor den Zerstörungen und Luftangriffen des Zweiten Weltkrieges.

100 Seiten, 97 historische Fotografien, fester Einband.
ISBN 978-3-87407-889-4

Eberhard Neubronner · Rudolf Werner

Der Herrgott weiß, was mit uns geschieht

Die Schwestern von der Albmühle

Das Buch zum preisgekrönten Fernseh-Dokumentarfilm. Die bemerkenswerte Biografie der beiden Schwestern Marie und Klara Walz , die ihre Lohnsägerei im Laucherttal auf der Schwäbischen Alb in einfachsten Verhältnissen betrieben haben.
»Ein unbeschreiblich schönes Werk, ein Buch, das berührt und anzieht, ein Werk voll Weisheit und Melancholie.«
(Zollern-Alb-Kurier)

120 Seiten. 92 Farbabbildungen, fester Einband.
ISBN 978-3-87407-764-4

Silberburg-Verlag
www.silberburg.de